ちくま文庫

歌を探して

友部正人自選エッセイ集

友部正人

筑摩書房

目次

■1990年代

■2000年代

■未収録と書き下ろし

はじめに（気の遠くなるような回り道）

　ぼくは歌を探して生きている。ぼくの中には歌なんてもともと何もないから、それを探して生きている。歌を探すことは自分に夢中になること。だから自分に夢中になって生きている。「生きていることを見ているよ／だって君が死んだから」という自分の歌のように、ぼくは自分が生きていることを見ているのだと思う。

　元々ぼくは歩くことが好きだ。景色を見ているときは道ばかり見ている。道がない時は空を見るが、それはまた別の話。歩いたことのない道を歩いてみたいと思う。誰も歩いていない道に仮の自分を置いてみる。景色とはそんな風に遊べるもの。景色を見ているのが好きだ。

　歌を探しているぼくは、歌までの道を探している。歩くことは探すこと。ぼくは回り道をしながら生きている。効率とは縁のない人生だった。今からだってまだ遅くはない。気の遠くなるような回り道がしてみたい。

今回このエッセイ集が出ることになって、ぼくは自分の今までの回り道を読み直してみた。気の遠くなるような回り道をしてきたと思っていたけど、そうでもないことがわかった。そんなに遠くまでも行ってはいない。同じ道を行ったり来たりもしている。いつまでもたたずんでいたりもする。たたずんでいることも回り道だとわかり、そうか、回り道をしていたのではなく、ただたたずんでいたのだとつぶやいてみる。こんなときぼくは歌にたどり着いているのかもしれない。

時間をかけた回り道が、いつのまにか八冊ほどのエッセイ集になっていた。それを一冊のアンソロジーにするのには戸惑いがあった。だけど作業を進めて行くうちに、古いものも新しいものも、すべて新しい本の素材なのだとわかってきた。戸惑いはオリジナルから離れるまでのしばらくの時間稼ぎ。

ぼくの初めてのエッセイ集『ちんちくりん』が詩の世界社から出たのは一九七八年のこと。それを二〇〇一年にビレッジプレスが二編のエッセイを加えて再発売した。ぼくが歌い始めた十九歳の頃のことや東京での暮らし、一九七四年の初めてのアメリカ旅行や七五年にユミと出会って翌年に結婚する頃までのことが、歌と区別がつかないような文章でつづられている。

『生活が好きになった』（一九八六年）が出た頃は子供も小さくて、ぼくもユミも若かったから、まるで絵本の中にいるようなどたばたの日々だった。ぼくたちが杉並区に借りていた一軒家にはひっきりなしにいろんな人が遊びに来ていた。そんなどたばたの日々はぼくの頭の中にいくつもの歌の種を残していった。一九八二年から八五年までの雑誌や新聞に書いた文章が一冊になった本だけど、今は手に入らないので、今回のアンソロジーで少しでも残せるのがうれしい。

『パリの友だち』（一九九一年）も現在は絶版になっている。イラク航空でパリまで行くはずだった一九九〇年夏の一人旅。イラクによるクエート侵攻のおかげでパリへの乗り継ぎができなくなり、バグダッドに一週間滞在を強いられたときの話。その後ジュネーブ、パリ、ベルリンと旅した後、ユミが日本の銀行で手配した仮のクレジットカードをロンドンで受け取り、日本までの航空券を新たに買うことができた。今回はその前半のバグダッドの部分だけを入れることにした。

『The Man In Me』（一九九二年）も絶版になっている。ボブ・ディランの様々な名曲をネタに、自分の日常を描こうとした。『パリの友だち』と同様にこの『The Man In Me』も書き下ろし。ボブ・ディランの音楽はぼくの日常の細部にまで影響を及ぼしていたのがわかる。

中学生から聞き始めて、今までにたくさんの音楽に出会ってきた。その一つ一つを思い返すと、どれも宝物のようだ。古い音楽は古いままキラキラしている。そして新しい音楽はぼくの中でもう少し古くなるのを待っている。『ジュークボックスに住む詩人』（一九九三年）と『ジュークボックスに住む詩人2』（二〇〇七年）のどちらも、ぼくの好きな歌の詞を取り上げている。英語にしても日本語にしても、詞について書くのは音楽を言葉にするのと同じようにむずかしい。それをあえて言葉で伝えようとしたのは、ぼくの歌探しの一環だったからかもしれない。今回のアンソロジーには『ジュークボックスに住む詩人』の前書きだけを入れることにしたけど、それはこのシリーズがまだ終わっていないような気がするからで、いつかまた『ジュークボックスに住む詩人3』を書く機会があれば、と思っている。

ライブが多くて忙しかったはずなのに、『耳をすます旅人』（一九九九年）は全体にのんびりとしているのがおもしろい。小野由美子のモノクロ写真でそののんびりが丸見えになっている。当時ぼくとユミは中目黒に部屋を借り、都会の暮らしを楽しんでいた。『じゃらん』という雑誌に、文章と写真で約五年間連載をした。都会の中ののんびりとしたものを探し、そののんびりと響き合うものを旅先で探す。『耳をすます旅人』というタイトルは、谷川俊太郎さんの『みみをすます』もあるけれど、直接には沖縄の久高島に行ったことがきっかけだった。そこで体験した完全なる静寂。静寂に耳をすます旅人になりたかった。

横浜に住み始めた一九九六年から、横浜とニューヨークの行ったり来たりの生活も始まった。その準備段階の一九九四年から始まった雑誌『雲遊天下』の七年間の連載は、ちょうど外国暮らしがぼくたちにはまだ物珍しく新鮮だった時期に重なっている。ニューヨークにはそのまま二〇一五年まで過ごしたが、今『ニューヨークの半熟卵』（二〇〇三年）を読み返してみると、その前半の旅行者のような気分の頃のことが書けて良かったと思っている。旅は前半がエッセイに向いていて、後半は詩に向いている。『ニューヨークの半熟卵』以降はエッセイ集を出していなかった。その間にも新聞や雑誌などに文章はいろいろと書いたので、その中のいくつかを増補として今回のアンソロジーに入れようと思った。

横浜に住んで二十四年になる。今いる中区にはもう六年。ここは隣に中高一貫男子校があり、野球部の部活がうるさくてすぐに引っ越したいと思った。最悪なところに来たものだと。だけど今回のコロナ騒ぎで、生徒が学校に来なくなって全体が静けさに支配されると、今いるここが最高の場所になった。こんな風に静かな場所を心から欲していたんだと思った。夏が過ぎて生徒が学校に戻って来ても、一度経験した幸せの感じがぼくからまだ消えない。強い印象として残っている。

二〇一六年、ニューヨークの家を引き上げてすぐに、ニューヨークの代わりのように仙台駅のそばに部屋を借りた。今まで暮らしたことのない東北に住んでみたかったから。横浜と仙台を行ったり来たりするうちに、関東と東北の違いも少しずつわかってきた。そして少しずつ歌ができてきた。

今も歌までの道を探しながら歩いている。歩いていると道ではなく、広場や森を見つけることもある。広場を横切ってみたいし、森にすわりこんでみたい。時間のかかる回り道をこれからもしてみたい。誰にも会わないはずの場所で、ぼくの歌を知っている人にいつか会えるかもしれない。

二〇二〇年十月

友部正人

歌を探して

友部正人自選エッセイ集

イラスト　友部正人
写真　小野由美子

1970〜1980年代

セントルイス・ブルース

『ちんちくりん』（1978年）より

確か「セントルイス・ブルース」だったと思う。もう何年も前、ぼくが中学の終わりか、高校のはじめのころ、偶然ひねったラジオから流れてて、歯のかけるような想いで聞いたうた。単音でポロポロ弾くギター、風でほころびた声、大きな河の流れ、真黒な夜空、首すじのやりきれなさ——ぼくが初めて納得した迫力。ニューヨークかどこかの図書館のテープだったと思うけど、作者自身が、河原で暮した毎日を語りながら歌ったあの歌、もう二度と聞けないだろう。あの歌。

もう、二、三年前、まだ寒い春、京都の鴨川の河原で、仰向けに寝ころんで、同じように真黒な空に、そんな歌を見つけようとしていた。

そのころだ。ぼくが初めて「はっぴいえんど」の歌を聞いたのは。高田渡さんの下宿に泊まりに行き、「これいいから」と言って聞かせてくれた。「あの人たちは、みんな詩人だからね」と言っていたのを覚えている。「春よ来い」っていう歌がいいよ、っておしえてくれたけど、実はその時、ぼくは、目を輝かせて一生けんめい話す高田渡さんのことばかり気になっていた。いいかげんなもので、「あの人たちは詩人だからね」と言われ、ぼくの方も、「ああ、詩人なのですか」と変なところで納得してしまい、ずっとそれですぎてきてしまったみたいな気がする。

今夜、大阪に住んでいる友だちの家で『風街ろまん』を聞いている。聞きながら、いつのまにか、窓の外の、タクシーのとまる音とか、酔っぱらいの声のひっくりかえった歌とか、すぐ裏を通ってる南海電車の遠ざかっていく音とかに気をうばわれてしまう。レコードが耳なれなくてしようがない。松本くんのことや細野くんや、鈴木くんや、大瀧くんのことを書きたいな、と思う。でもほとんど話したことがない。想像で書こうと思うが、ひとりひとり、なんだかすごそうで、照れくさい気がする。考えてみると、「はっぴいえんど」の人たちと、ぼくとの間には、話のきっかけになるようなものが、何ひとつなかったような気がする。今は、棚にあったロバート・ジョンソンをひっぱり出して聞いている。夜が更けていく。

このごろぼくはほとんど一日中飲んでいて、夕方四時に目が覚めると、五時から飲み始めると朝八時まで、とそういった感じなので、アパートにもあまり帰らない。今は、大阪の昭和町にある飲み屋でアルバイトをしている。皿を洗ったり、おかんをつけたり、天プラをあげたり。酒も、食べものも信じられないくらい安いところで、きたないところだけどけっこう満員ばかり。ぼくが髪が長いので、みんな、ぼくがどういう人間なのか、すごく知りたいらしい。たいていの人は、学生か、と聞く。ちがう、と言うと、何だか不服そうだ。悪たいをついたり、おだてたりしながら、けっこうそれをサカナにして飲んでいる。時には、ヒステリーな大学教授も来て、さんざん騒いで帰る。飲み始める時から、くたばるところまで知っているので、その違いがおかしくてしようがない。

こんな風にして暮らしていると、ヒット曲とか、新しいレコードとか、ぼくにはまるでわからない。ラジオからはいつも、阪神・巨人戦とか、貴ノ花・輪島とか、ぼくの好きな、ジミー・ロジャース、ハンク・ウィリアムス、レッド・ベリー、ウッディ・ガスリーなんかとは、かなりほど遠い、あれも音楽だ。

実際、歌でも歌わないとやりきれない毎日だ。一日中、口も開けないでたったひとり暮らしていると、その日の変わり目、誰も信じないぼくが人ごみの中、赤や青にぱんぱんはぜてしまいそうな、もしかしたら、出刃包丁でも手にしているかも知れない。道を歩きながら、地下鉄の中で、夜汽車にゆられ、バーでロックグラスを前に（ああ、うんざりだ）、ぼくは、またついつい歌ってしまう。みじめになっちゃいけないと思う。歌に歌われちゃいけないと思う――いつかシバが言ってたっけ。一つの好きな音があったら、いつまでもそんなものをたたいていたい。気がついたら、いつのまにか、とんでもないところに来てしまっていた、明日がいつもそんなものであればいい。やがて朝が来て、牛乳屋の自転車の上、牛乳ビンがガラガラと通りすぎて行く。「ああ、ひでえ臭いだ、なんてひでえ臭いだ」、ぼくには、そんな風に聞こえる。わたくずだらけの分厚いお尻、床にころがるナベのフタ、泣きわめく赤ン坊、まぶしいテレビ、マンガの貧乏ゆすり、「何でも人生さ」と酔っぱらい、容赦なく磨かれる歯ぐき、窓の下をそっと通りすぎていく淋しさたちよ、あんまり遠くを見すぎるな。

ああ曇り空だまた
いやな曇り空で夜が明けた
この町が遠くへ行くよ
明日の朝をのせて

おいら昨日から沈みこんでるのに
陽ものぼらない
ああ、曇り空だまた

いやな曇り空で夜が明けた
朝のコーヒーをおくれ　ねえ君
朝のコーヒーをおくれよ
ああ曇り空だまた
いやな曇り空で夜が明けた

君は知らない町で
ぼくは夜汽車にのってたら
ああ曇り空だまた
いやな曇り空で夜が明けた

「曇り空」シバ

なんだか、あの「セントルイス・ブルース」が聞こえるような気がする。
（1973　はっぴいえんど・ソングブック『CITY』）

ぼくとボブ・ディラン

ぼくがはじめてボブ・ディランのことを知った時、どこかで、何か新しいものが生まれつつあるんだって気がした。はじまりつつあることの多くをディランは語ってくれた。そんなことを素直に語ってくれるのはディランだけだった。学校へ行っても、ディランのことばかり考えていた。ディランみたいなメロディーを自分の中でためしてみようと思っていたから、授業のことなんか、何ひとつ聞こえはしなかった。目のふちが切れそうになるくらい目を凝らした瞬間にだけ見えるもの。そんなものを短篇小説にしたりした。それは、ジャズ喫茶のバナナ型のライトのことや、ウェイトレスのことだった。最後に札幌の円山公園で女の子を殺しちゃう長い小説も書いた。一瞬一瞬をただ並べただけのもので、それらがすべて、集まって、一瞬にでもなればいい、と思って書いたものばっかりだ。そのころ、ぼくのまわりには、はじめて女の子とキスして、歯と歯のぶつかり合った、その金属音を小説にしようとしていた奴とか、授業にもあまり出ないで、マルクス全集ばかり読んでいる奴とか、パチンコ台の下にマッチ棒を入れて、玉をいくらでもかせぎ出す奴とか、なんとなく特徴のある奴がたくさんいた。

ビートルズが流行っているころ、学校にも町にも、そんな風に髪をのばしている奴が少しずつ出はじめたころだった。名古屋の町にも、行けばなんとなくうたわせてくれるような店がいくつかできた。それでも、たいていの人は、ディランの歌なんか聞くと、なんだ、これ、ってな顔をしていた。確か、レナード・コーエンなんかのレコードも出ていたけど、隅の方でずっと眠っていたみたいだ。このあいだまで、大阪の中崎町というところで、「ろうじい」という喫茶店をやっていた、ケンさん、という人は、どこかでボブ・ディランという名前だけ知っていて、ある日、レコード屋へ入って行くと、レコードがかかっていて、いっぺんに、あっ、これがディランだな、とわかったそうだ。ケンさんに言わせると、あとにも先にも、そんな体験はディランだけで、だからディランが好きなんだそうだ。ぼくが居候していた劇団の人たちも、ボブ・ディランなんて知らなくって、ぼくはいつも教えてあげる方だった。劇場の効果音の部屋にレコードをたくさん持ち込んで、あのころはやっていたレコードに混ぜて、ボブ・ディランをかけた。芝居のある時は、芝居のはじまる前にギターを持って出て行って、自分流に訳したボブ・ディランの歌をうたい、みんなが変な顔していようと、シャーシャーとしてもどってきて、ひとり有頂天になっていた。そのうち、芝居の中の効果音として、ギターのネックにジュースのあき瓶をあてて弾いたり、ハーモニカを吹いたり、自信がないながらも、自分流に訳したボブ・ディランの歌をうたうようになった。少しはなしがずれるけれど、そこでシナリオを書いていた日比野君という人は、カラテが好きで、よく通りや小屋の中でその格好を真似て見せてくれた。いつも青白い顔をしていて、くつかけさんという酒飲みの女の子と二人で飲んでいた。まだ十八だったぼくは、そのくつかけさんと酒を飲みに行き、年上の女をいいことに、ムチャクチャ威勢のいいことを言って困らせた。しばらくして日比野君はガンになり、名古屋のガンセンターに入院した。一度だけお見舞いに行ったけれど、口の下からむらさき色になっていて、のどには黄色い薬がぬってあり、顔中はれていて、笑いにくそうな顔で、痛くてごはんが食べられないんだ、と言っていた。ぼくは、そういう重い病気の人と向かって話すのははじめてで（死んだ人とはあったけど、もっと簡単だった）自分でも何を言ってるのか最後までわからないまま帰ってきてしまった。半年程して日比野君は退院したらしいけど、以前程図々しいところがなくなって、それからしばらくして死んでしまったそうだ。くつかけさんとはその後一回だけ会ったけど、以前と同じところに、太った猫と一緒にスナックでアルバイトしながら暮らしてた。その時もやっぱり、何を言っているのかさっぱりわからないまま帰ってきてしまった。ぼくもくつかけさんも、前程の威勢のよさなんてもう全くなかった。

そのころ、やってみたいことがひとつあった。それは、ウディ・ガスリーみたいに、町の中に立って、ギターを弾いてうたうこと。ぼくは名古屋の栄にあるオリエンタル中村というデパートの前ではじめてやってみた。誰も立ち止まる人もいないし、聞いてくれる人もいなかった。でも、二回ぐらい日をおいてやったら、同じようにギターを持って歌う人たちが集まってきた。ボブ・ディラン以外にも歌のあることは知っていたけど、目の前でそれを聞いたのははじめてだった。それは、ジャックスだとか、岡林信康だとか、高田渡だとかだった。それから、ローリング・ストーンズだとか、ドアーズだとか、バーズだとかだった。それから、はじめてということでつけ加えれば、大学のバリケードだとか、大通りの自動車レースだとか、警官隊だとかだった。

居候していた劇団の人たちと意見が合わなくなり、ぼくはまた別の劇団に引越しをした。そこには謄写版のセットがあって、ぼくは歌集をつくろうと思い、自分でもいろいろと歌をつくりはじめた。一晩中考えて、歌集の名前を「不毛の税」とした。他にも、「砦」とか「栄解放戦線」とかにした。歌と歌とのあいだに思いつくままの言葉をうずめ、何度も何度もながめなおしたりした。自分ではけっこう、たいしたもんだと思っていた。そのころ、田中研二さんと知り合いになった。田中研二さんはぼくのうわさを聞いて、はるばる信州の松本からやって来た。リュックサックにいっぱい、自分の歌集『フォークパルチザン』をつめこんで、田中研二さんはぼくの居候していたところに一泊して、またヒッチハイクで松本に帰って行った。帰る時に、ぼくが田中研二さんに、なけなしの五百円をあげたらしいけど、あまり覚えちゃいない。あとにも先にも、ぼくが人にお金をあげたのは、この時だけらしい。田中研二さんも、ボブ・ディランやウディ・ガスリーの歌をいっぱい訳していた。自分の作った歌もたくさんあって、今でもよく覚えている。鼻にかかった情けなさそうな声で歌うんだけれど、なんとなく聞かないではいられないような新しい感じの歌ばっかりでおもしろかった。ボブ・ディランの歌をうたっていると、ぼくはいろんな人と知り合いになった。そして、いろんな人がぼくの前から去って行った。

ガード下にたくさんの人たちが集まっていた。たき火をしながら、何か面白そうな仕事を探している。屋台みたいなところであったかいごはんを食べさせてくれるので、みんな先の心配もせず、思い思いの場所に腰をおろして、時間をかせいでいる。あのころの雰囲気は、何か、そんな感じがする。ぼくはよく、大阪駅に寝泊りしている奴と、港まで船のそうじに出かけた。二十四時間やって、たったの六千円。あのころでもひどく安いお金だった。夜中の十二時をすぎると眠たくなるので、みんなで、となりに停泊していたイタリアの大きな船に乗りこんで居眠りした。朝六時になると、みんな頭から重油だらけになって、給料のもらえる事務所まで行った。ああいう日給制のところはほとんどそうなんだけれども、中に競馬ののみ屋が入りこんでいて、朝もらった六千円はそのまま、のみ屋のふところに入るような仕掛けになっていた。頭から重油だらけなので、事務所にある銭湯よりも少し小さめの風呂に入って帰るのだけれども、せまい湯舟の中、十人も入れば真黒で、とても入れたものじゃなかった。朝は今と同じように寒かったし、先の見通しがないのも同じだけれど、あのころは、どうせすべてがうそなんだ、というような気持があって、何がどうなってものんびりしていた。働きに行くのがイヤになると、友だちと二人で、ナンバから二十六号線を南に歩いて行き、手当り次第に目につくアパートにしのびこみ、コーラのあきびんを拾って歩いた。一本五円で、百本集めれば五百円。そう思ってはじめたのだけれど、どこのアパートにも、思っていたよりコーラのびんが置いてなくって、十軒ぐらいアパートをまわっても、十本ぐらいしか集まらず、いつのまにか、天王寺の通天閣の下までたどりついてしまった。ポケットの中の最後の百円玉二枚、友だちと二人で、いちかばちかでやったパチンコも、たった一分で負けてしまい、また歩いてナンバに引き返そうとした時には、もう日が暮れかけていた。南海電車のナンバ駅前にぼんやり立っていたら大きな建設会社のポン引きみたいなアンちゃんがやってきて、ダムで働かないかと言われたが、さすがにそこまで行く気にはなれなかった。

谷町九丁目の独身アパートの十階に居候をはじめ、青森から来て演劇をやっている外川君と一緒に暮らすようになった。窓をあけると、あのあたりのホテル街のネオンがまん前にあって、ぼくは、ネオンと同じくらいの高さのところに住んでいた。四畳半のせまい部屋で、それでもぼくは、一度っきりのエレベーターのある暮らしをしていた。途中から西岡恭蔵君も居候するようになり、ぼくらはインスタントラーメンを一箱買ってきて、冬越えの準備をした。すでに年末で仕事はなく、ぼくらは三人とも一文無し、ぼくらがよく行ったスナック「ナッツ」で、残ったにんじんなんかをもらってきて、ラーメンに入れて食べた。ぼくたち三人とも、ナッツのママさんが好きになり、ある日、「ライク・ア・ローリング・ストーン」のシングル盤を持って行き、ジュークボックスに入れてもらい、毎日出かけて行く口実にしたりした。そこはやーさんのたまり場で、ぼくらはてっきり、ママさんにも誰かダンナがついているんだと思っていた。本当のところはどうかわからないけど、ぼくらが行くと、ママさんは、「ライク・ア・ローリング・ストーン」ていいわね、と言っていた。ある日西岡恭蔵君がこっそりとぼくの耳に、おい、うしろを見ろよ、今、ピストル持ってたぜ、と小さい声で言った。ほんと、とぼくも小さな声で答えて、見つからないようにのぞいて見たけど、ぼくがのぞいた時には、もうピストルはなかった。でも、思い出すたびに、やっぱり持っていたんじゃないかな、なんてぼくも見たような気になっていた。

お正月がすぎてしばらくして、ナッツは店をしめてしまった。誰かがママさんを迎えに来たのだ。そのあと何度もナッツへ行ったけれども、もうママさんはいなかった。

「ライク・ア・ローリング・ストーン」のレコードも、そのままになってしまった。

そのころ、ぼくは福岡風太の紹介で、三宮（さんのみや）のピザハウスで歌うようになった。船員さんが多くって、ハーモニカを吹いたりすると、ウディ・ガスリーみたいだ、とからかわれた。でも、ピザやビールには毎日ありつけた。ぼくと一緒にやっていた人は、ピアノの弾き語りの人でビートルズやバート・バカラックの曲をやっていた。ぼくとは一度も話はしなかったけれど、ぼくのことを馬鹿にしていたような気がする。ピザハウスのママさんが四十五歳になり、ぼくはギターで歌をプレゼントすることにした。即興で三十分以上も歌いつづけたら、ママさんは涙を流して喜こんでいた。このあいだ、三宮へ行った時、ピザハウスへ寄ったら、ママさんも覚えていてくれて、ビールをおごってくれた。ラジオではよく遠藤賢司なんかがかかっていて、ママさんは、似てる、なんて言ったけど、ぼくは、そんなはずはない、と反論した。船員さんたちは、ウディ・ガスリーは知っていたけれど、ボブ・ディランはあまり知らなかった。毎日毎日歌うので、しまいに歌う歌がなくなってしまい、むちゃくちゃなのを即興でやっていた。あれを聞きながらピザを食べられたのは、お客さんがやっぱり、外国の船員さんだったからだと思う。それからは、風太の紹介でいろんなところで歌うようになった。京都の吉田山にあるスナックとか、梅田の喫茶店とか。今のライブハウスみたいなものが、あのころ大阪にはたくさんあった。どこも普通の喫茶店なんだけれども、ぼくが行くとライブハウスになった。（ぼくはライブハウス、という言葉が嫌いなので、これからはあれと言うことにする）今もあのころと同じようなことしかやっていないぼくなんだけれども、あのころのあれは、今程きちんとしていなかった。店の人も、やるなら勝手にやれ、という感じで、熱心な人なんて一人もいなかった。今は、あのころのあれはすべてつぶれてしまい、あれと取り違えたようなあれがたくさんできている。ぼくはあのころのあれと同じような気分で、今のあれに出かけて行くんだけれど、みんなはそれじゃだめだという。店の人たちも、あのころに比べるとみんな熱心で、変な意味づけまでしているところも出てきた。

それからぼくは東京へ出て来て、阿佐ヶ谷に住むようになったんだけれど、あまり面白いとは思わなかった。吉祥寺のシバ君や星君たちとも知り合いになり、毎日吉祥寺で馬鹿騒ぎをやった。いろんなところへ出かけて行き、いろんなことをやったけれども、やっぱり面白いとは思わなかった。吉祥寺も阿佐ヶ谷も新宿もつまらなかった。ぼくは、吉祥寺にあるやき鳥屋に、ギターを持って行って歌おうと思ったけれど、やかましいからやめろと言われた。あんな、カウンターにすわって酒を飲んでいて、何が面白いんだろう。公園にギターを持って歌いに行ったけど、誰も聞いちゃいなかった。みんなボートに乗って、恋人みたいに楽しそうにおしゃべりをしていた。あんなことして、どこがおもしろいんだろう。ずっと前、友だちを東京駅まで送った帰りの山手線の中で、ぼくらは持っていたギターで歌をうたった。もう終電近くで電車はガラガラ。ホステスさんも、酔っぱらったサラリーマンも眠そうだったけれど、あの時は、みんなで聞いていてくれたような気がした。ぼくは、あの時の窓に映っていた夜の色をはっきり覚えている。阿佐ヶ谷と吉祥寺を行ったり来たりしているあいだに、面白くないレコードを五枚つくった。面白くなさそうに作ったから、きっと面白くないレコードになったのかも知れないけど、ぼくには、面白そうにレコードを作る、その気持がわからない。ぼくにはレコードを作るなんて、ちっとも面白いことじゃあない。

ぼくは、自分のことと関連しながら、ボブ・ディランのことを書こうと思った。でも、二十枚に到らないうちにぼくのこともボブ・ディランのことも終ってしまいそうだ。原稿用紙二十枚分にも到らないぼくのしてきたことの少なさよ。きっと、ボブ・ディランなら、辞書にも書ききれないだろうに。ぼくと関連させるとすぐに終わってしまう。原稿用紙十枚ていどのぼくのしてきたことなんて、何かの役に立つこともきっとないだろう。それが二十枚になろうと、三十枚になろうと同じことだ。原稿用紙十枚ぐらいだったら、捨てるのも簡単だ。だから、あと何枚かは、ボブ・ディランのことだけを書くことにする。

☆

アメリカでボブ・ディランを聞いた。と言ってもコンサートではなく、友人の家のレコードで。日本では聞いたことにならなかったくらい聞いた。たった一回きりだったけど。確か、カリフォルニア大学の学生さんの家だったか、通りではりがね細工を売っている通称「酋長」という人の家でだと思う。ボブ・ディランはひどくにごってうずを巻いていた。ざらざらした血の感触が痛かった。それは、ぼくにはさわれないものだった。そして、ずっと長いあいだぼくがさわりたかったものだ。旅の疲れで、血の澄んでしまった人にはさわれないものだった。ぼくははじめて、ボブ・ディランをすごく感じた。もう一回、ぼくはボブ・ディランを聞いた。それもやっぱり、コンサートじゃなかった。それは、友人の犬をジョージアまで送るために、車でサンフランシスコ空港まで連れて行った時だ。手続きの待ち時間、何気なく入った倉庫、中には何もなくって、戸を開けると冷い空気だけがわかるようなところ。いきなり、ありもしないところのスピーカーからボブ・ディランの「ライク・ア・ローリング・ストーン」がはじまった。ぼくは、ジョージアへ送られる犬みたいに、ポカーンとその声を聞いていた。アレン・ギンズバーグが言っていた、天使の声だった。にごって、正体もなく焼けていた。

ニューヨークにいた時、評論家の水上はるこさんと一緒に、マリー・トラバスのインタビューに出かけた。そしたら、マリー・トラバスが、たった今五分前までここにディランがいた、と言っていたけど、別に何ともなかった。その後、グリニッジ・ビレッジに住んでる人たちのうわさで、昨日、ディランを見かけたよ、あんまりきれいな顔なんでポーッとしちゃった、と耳うちされても、探しに行く気がおこらなかった。友だちから、チリ救済コンサートのチケットをもらい、それにディランがとび入りする、っていう話を聞いた時にも、やっぱりアルバイトかなんかをしていて行かなかった。ぼくはニューヨークの図書館へ行って、金子光晴の『どくろ杯』を読んだり、茨木のり子の詩集を読んだりした。ワシントン広場の隅の方のベンチで、その自分のすわっているベンチについての歌を書こうとした。セブンス・アベニューのずっと向こうの方になんとなく日本があるような気がしながら。

それと、もう一回、今度はアメリカからもどってきたばかりのころ、京都の「拾得」でボブ・ディランを聞いた。ちょうど、「ジャスト・ライク・ア・ウーマン」がかかっていて、酒だるのようなテーブルをながめながら、日本で聞くボブ・ディランはお菓子の匂いになっていたような気がした。目の前が真青になり、なんとなく見るものに現実感がなく、浜松で飲んでいた時、なんだお前、それでも生きているのかと言われた。それが最後だった。ぼくはもう一回ディランが聞きたい。『ローリング・サンダー・レビュー』じゃないディランが聞きたい。あれからいろんなレコードが出たけれども、ぼくにはまだディランが聞けないでいる。

（1977『詩の世界』）

『生活が好きになった』（１９８６年）より

十五年前の仲間たち

ぼくには、もう十五年以上も会ったことのない仲間たちがいる。その仲間たちとは、高校や中学の時知り合った人たちのことだ。歌いはじめてから、その人たちに会う機会は、全くなくなった。

ぼくは小学校の頃から、何回か転校を繰り返している。行く町々で知り合った友人たちは、また、二度と会えない人たちでもあったのだ。何かの機会に、以前暮らした町へ行き、まだそこで生活している人の家の前を通ることがあっても、理由はわからないが、どうしても入ることができず、そのまま素通りしてしまう。転々としたぼくには、同窓会の通知も来ない。あっちこっちの町でできた友人たちも、今ぼくが何をしているかは知らないだろう。

転々としていた頃、ぼくは子供なりに、自分の意味のようなものを変えようと試みていた。それは、授業中に目立つことをしたりとか、音楽やゲームや読書に夢中になったりとか、そんな形でしかためせなかったのだが。ぼくは、いつも芝居をやっているような気分でいた。ぼくは、自分の役が欲しかったのだ。学校がかわるたびに、学校を卒業するたびに、ぼくの役は奪われていったのだ。

高校時代、進路指導があった頃、ぼくはそんな風に、せっかくなじんだ役を奪われることにくたびれていた。何かになって、また役を失うのはもうたくさんだった。ぼくはもう、どんな役にもなりたくなかった。ぼくという役以外は。

高校の仲間たち。一番ギターがうまくて、「五〇〇マイル」とか、「花はどこへ行った」とか歌っていた男は、今、家業を継いで、寿司屋の主人になっているはずだ。同人誌を作っていた、ぼくを含めて三人のうちの一人は、やっぱり家業の豆腐屋を継いでいるのだろうか。彼は、キスをする時の歯と歯の当る音が、金属のぶつかる音に似ていると言っていた。もう一人の、プラトンやマルクスばかり読んでいた男は、今はどうしているのか想像もつかない。試験の時、ウィスキーを飲みながらやっていた奴、彼は誰と喧嘩しても、敗けることがなかった。最後に会った時、出世返し、と言って、ぼくに数万円貸してくれた男、彼はサッカー部員で、毎日パチンコに行っては、いくらか儲けていた。どうしたらそんなに勝てるか聞いたことがあるが、台の下に何本かマッチ棒をつっこむのだそうだ。ぼくには、とてもそんな真似はできなかった。もう、どんな役にもなりたくない、と思っていた頃、つき合っていた仲間たちは、みんな楽しい奴ばかりだった。上級生の男とつき合っていて、とても目立った女の子がいたが、どうしているのだろう。夕方、暗くなるまでコーヒー一杯でいさせてくれた、喫茶店のママさんはどうしているのだろう。高校の終わりの頃、知り合った人たちは、ぼくにとてもよくしてくれた。

一回、民青の人の家に、オルグされに行ったことがあった。うんともすんとも言わないぼくに、その人は、空気みたいな男だと言った。ぼくはそのままずっと、空気みたいだった。だからぼくは、民青には入らなかった。

河合君という人がいた。やっぱり、高校の時の同級生だった。彼の部屋には、朝日ジャーナルや、サンデー毎日や、東西の思想家たちの本が山と積まれていた。ぼくは彼と、「影に食われた男」という歌を作った。その歌は、ずうっと後になって、ビクターか東芝に売り込みに行ったけれど、結局、レコードにはならなかった。その時、東芝の人が、「こういう人もいるんだよ」と言って聞かせてくれたのが、遠藤賢司だった。河合君も、今はどうしているのかわからない。

歌いはじめて、ぼくの人生の意味が大きく変わった。そして、この仲間たちと会う機会もなくなった。ぼくは、それまで何をしていたのかが、何となくわかるようになった。ぼくは、人生の意味を変えようとしていたのだ。だけど、授業中に机を倒してみたり、喫茶店に夜までいたりするだけじゃ、そんなものはひとつも変わらなかったのだ。ぼくは、空気みたいだった。今も、空気みたいかも知れないが、意味は変わった。ぼくには、見たり考えたりしていることがわかるのだ。ぼくには、すべてが真新しい意味をそなえていた。どれをとっても、感触があった。

十五年以上も会っていなくて、これからも会う機会はないような人たちを、仲間と呼ぶのだろうか。しかも、ぼくのことなど覚えていないかも知れないし、興味もないかも知れない人たちを。だけど、今だって仲間なんていないのかも知れない。普段にこにこつき合っている人だって、心は十五年以上も隔たりがあるかも知れない。人生の一時期、ともにいた人の方が、あるいは、仲間と呼べるのかも知れない。

歌うことによって、その仲間たちから、ずいぶん遠くへ来てしまった。だけど、人生のいちばん最後に、最も身近にいるのが誰なのか、それは今のところ誰にもわからないのだ。

十四年前の少年に

子供がやっと自転車に乗れるようになり、昨日は一日中、子供とともに、近所の道を自転車で走りまわった。ぼくが住んでいるのは、昼なお静かな住宅街で、自転車で走りまわったりしても面白い道はないのだが、人の生活の匂いをかすめて走ることは、とても面白い。さまざまな匂いに引かれて走っているうちに、見たこともないような新鮮な道に出会い、魔法にでもかかったように動けなくなってしまう。こんなところにこんな道があったのかという驚きはとても大きく、拾って帰りたいような衝動に襲われるのだが、実際にはとても不可能なので、驚きだけを心にとめて走りすぎるのだ。

ボブ・ディランの歌に、「淋しき四番街」という歌があるが、この歌には特に道のことは出てこない。自分につらく当った人たちへの怨念のようなものを歌っているのだが、道についての歌に聞こえる。道端で踏みつけられた煙草の吸いがらのひとり言のように聞こえるのだ。

イギリスの現代美術の人で、本物の道を切り取ったような四角い平面の上に、本物のような煙草の吸いがらや足跡をつけた作品を作った人がいた。足の下にあったものが壁にかけられ展示されているので、初めぎょっとするのだが、おかしくてすぐに笑ってしまう。こんなことを考える人がいるなんて、と思うと笑わずにはいられない。

ぼくの、道をとっておきたいという願望を、こんな風に表現している人たちがいる。彼らは本当は、通りすぎたりはしなかったのだ。通りを通りすぎるなんて、読んで字のごとしすぎていやになってしまう。通りすぎるべき所を通りすぎなかったので、彼らは思わぬものを発見できた。彼らにとって通りは通りすぎるところではなく、留まるところなのだ。

ぼくと子供は、住宅街を抜け公園に出た。公園には小さな川が流れていて、橋を渡るとちょっとした草原になっている。草原のむこうには電車の駅があり、二、三人の人が電車を待っている。子供は道から解放されて、草原を縦横無尽に走りまわる。

以前ぼくは、そんな風に、通りを縦横無尽に走りまわったことがある。ギターを持つことによって、ぼくは自分から解放されたのだった。ぼくには、通りはそんな風に走りまわるところで、他の何の意味も持たなかった。通りは解放されるべきだった。ぼくらは生きているという祭りを町中の人に見せたかった。それには、通りは通りじゃない方がよかった。ぼくは通りを通れなくしようとした。通れなくすることで、もっと別な方に通れるようにしたかった。ぼくには、どんな風に曲げてもどこにもたどりつけない通りがもどかしかった。ぼくは、そんな通りを切断してしまいたかった。

子供は草原を縦横無尽に走りまわってはいたけれど、ぼくの網で捕まえられる範囲にいた。ぼくも多分そうだったのだ。何か大きなものの持つ網の下を、逃げまわっていただけだった。だから、ぼくはその網にすぐ捕まった。網の持ち主はそれほど苦なく、それ以上はだめ、と言うことができたのだ。

草原を出ると、ぼくらは川に添って自転車を走らせた。川の向こう側を、やっぱり川に添って電車のレールが走っている。ぼくらは、ぼくらが走っている道と川とレールを見くらべながら走った。川があるおかげで、道もレールも作りやすかったのだ。川があれば、ぼくらは自分の流れもある程度つかめる。

何か大きなものの網にとらえられたあと、ぼくはそんな流れに巻き込まれた。目を開けると、そんな潮流の中にいた。ぼくは、大勢のぼくに出会ったのだ。大勢のぼくは、ぼくの思いもよらないようなぼくだった。ぼくの想像を超えて出現したぼくに、ぼくは刺激を受けて、自然にぼくをふくらましていけるような気がした。たくさんのぼくが、互いをぼくと感じて暮らしていた。ぼくばかりだからできる楽しいこともあったし、ぼくばかりだから嫌になるようなこともあった。結局は、ぼくばかり、ということが原因で、ぼくらは本当のぼくを探しに、またでかけなくてはならなかったのだ。流れは、いくつにも別れて、海をめざしはじめた。

子供は、学校の友だちの家をおしえてくれるという。子供には、学校が終わると毎日遊んでいる友だちが三人いる。その中の二人の男の子とは特に仲がいい。ぼくは今度は、子供の自転車の後をついていく。子供の地理は、とても曲がりくねっている。子供の記憶をたどって走る道は新鮮で、全く違う見え方がする。ぼくは、真新しい家の前で自転車を止める。

枝分かれした川が集まる、大きな湖がある。そこからまた海に向かって流れ出すのだが、湖だけを見ていると、流れらしきものは感じない。ただ、続々と流れが集合してくるのだけがわかる。ぼくも気がつくとその中にいて、聞きおぼえのある名前を持つ人たちに囲まれていた。その人たちは、本やラジオで知ってはいたけれど、会ったことのない人たちだった。ぼくは何人かの知り合いができて、毎晩飲み歩いた。ときおり長距離列車が頭の上を通るのだけれど、それに乗ることはまれだった。ぼくにはそれ以上先の流れはないように思えたし、時間がどれくらいたったのかもわからなくなっていた。ぼくにはそこが行き止まりの海で、そこからは空に蒸発していくしかないのだと思えた。だからぼくは毎日空をながめては、どのあたりに蒸発してやろうと考えていた。ぼくはいつも、空ばかりながめて暮らしていた。流れのない湖の中には、二階建ての木造住宅がいっぱい建っていた。

子供の友だちの家をひとめぐりしてから、スイミングスクールで水泳する子供たちをひと時ながめ、ぼくは家に帰って昼寝をした。もう暑さがどこかでジーンジーンと言いはじめていたし、軒先には、冷たいアイスクリームがかかっていて、風が吹くたびにとけた水滴をたらしているような気がした。

真夜中だった。ラジオでは男が歌っていた。何ひとつ隠すものはない、むき出しの路上の歌だった。ベッドの上では、髪を黄色に染めた女がスヌーピーのぬいぐるみを抱いてうなっていた。黒い顔をした男がドアから顔だけをのぞかせて、「おい、どうだ」、と言った。

ある者は傷つき、ある者は死にかけている。君には町全体の泣き声が聞こえるようだ。ぼくらを殺した嘘のせいだ。ぼくらをだめにした真実のせいだ。全部ぼくのせいにしてもいいよ、テリー。

（ブルース・スプリングスティーン「バックストリート」）

ぼくはバスに乗った。大地は乾いていた。湖は干上がってしまった。無数の家屋は消えてしまった。ただ、北へ続く一本の道だけがあった。その果てにある伝説を、ぼくはこの目で見たかった。だけどぼくの体は、がたがたと震えていた。何でもないものが、とてもこわかったので。真黒いものが立ち上がるだけで、ぼくがどこにいても、手をのばせば届いてしまうような気がしたので。できるだけ大勢の人がいるところに行きたかった。大勢の人がいるところがいちばん淋しいと知りながらも。

目を覚ますと、子供はいなかった。また遊びに出かけたらしい。夕方になっていた。出稼ぎにきたという人は、階段のところで酔って眠りこんでいた。ぼくはふらりと外に出て、通りを歩き出した。こんなに不可解な街では、通りを向こう側に渡るのも億劫になる。ぼくは自分の体と気持ちの向いている方向に、そのまま歩きはじめた。足で踏んづけても起きない、いくつもの体につまずきながら。ここでは、通りは鞘から抜いた刀のようだ。そこを歩く時、耳のそばが冷たくなるような気がする。通りに立って、ぼくはその通りの向こう側にあるものを想像する。夜の通りは、自分の想像するものにたどりつける道なのだ。逆に言えば、想像しなければどこにもたどりつけない。閑散とした裏通りで眠りこんでいる人は、もしかしたらそんな人かも知れない。ぼくは通りを歩き出す。聞こえてくる音楽に耳澄ますように。だけど、いきなり次の通りに抜けてしまったりする。次の通りは、また違う想像にたどりつく道である。ある時は、途中まで行って引き返してきてしまう。親しみつくした想像の範囲にもどりたいと思うのだ。いつだって、通りの向こうに見えるものにはたどりつけない。だけど、たどりついてしまった子供もいる。ミヒャエル・エンデの『はてしない物語』の主人公の男の子がそうで、「ファンタージエン」で男の子は次々と素敵な自分を身につけていくのだが、そのために一つずつ、もとの世界にいた時の自分を忘れてしまう。自分の名も忘れてしまったあと、自分のことを何ひとつ語れなくなった状態で、男の子は「ファンタージエン」の友だちの助けを借りて、元の世界に帰ってくることができる。記憶を一つ一つ取り戻すごとに、男の子の姿や力は元の通りに戻っていく。最後には、まる裸の、元のままの男の子が立っている。ぼくが通りを向こうに抜けられないのは、記憶をすべて失いそうになる危機感に襲われてしまうからかも知れない。ぼくはいつも、ぼくのものがすべてあるところまで戻ってきてしまう。

これでぼくの、道に関する話はおしまい。十四年前ぼくが、ギターを弾きながら金沢の通りを行ったりきたりしたことがあることをご存知だろうか。ある劇団の公演について、その前宣伝のために歌ったのだが、あのチンドン屋のような少年は、今も金沢の通りを行ったりきたりしているような気がする。もし見かけたら、よろしく、と言ってくれないだろうか。

お正月

「トモくんも泣いたことがあるんだよねえ」一緒にお風呂に入っていると、一穂がそういう。

「ユミから聞いたんだ。お正月に、やくざに殴られて泣いたって」

ああ、あのことか、と思った。一穂が生まれた翌年の一九七七年のお正月のことだった。京都の新京極で、いったいどんなことがあったのかはわからないが、気がつくと、ぼくはひとりの男に殴られていた。こちらが一方的に殴られたと感じるほど、相手はケンカが強かった。そのままぼくとその男は交番にいった。なにしろ、すぐ前だったらしいのだ。そこでなんやかやと聞かれたが、ぼくは負けたので泣いてばかりいた。

そのことを一穂はユミに聞いたらしいのだ。「ぼくの前では一度も泣いたことがないのに」と一穂はぼくの顔を見てニヤニヤ笑っている。

すっかり忘れていたことだった。お正月というと、毎年が一穂のお年玉のことだった。お年玉を食べて大きくなった一穂は、もう八歳だ。その八歳の一穂から、忘れていたお正月の出来事を聞かされた。湯船の中の一穂の体は、お湯の中にすうっと延びて、八年前につながっている。

八年前というと、ユミと結婚して、一穂が生まれて、なんとなくひとつの単位ができあがった年だ。ぼくは晴着のユミと、京都の友人たちのところにいった。東京と違い、京都の町はとてもにぎやかで、お正月が大勢の人たちのものだということを実感させられた。東京にいるとそれが、どうしても個人の休日に思える。その個人と大勢のすき間で、ぼくは正体をなくしたらしい。ぼくにはぼくが見えなくなった。どこかで、白地に赤の旗がやたらとはためいていた。

お正月というと、われに返ってしまうものだった。よそよそしくなった町を、ぼくはいつまでも歩いてみるのだった。するとある実感が、ぼくの靴をはいて歩いているのに気づく。その実感と、ぼくはひとつのお腹を貸し借りする。そうやってひとつの話が積み重ねられていく。重なったふたつの実感からは、いつもまぶしいものがはみだしている。

だれかが、夜にはライトを消して歩く、という話をしていたけれど、ぼくはお正月の晴れやかさの中を、昼、ライトをつけて歩く。そのライトは、捜し物発見機で、そのライトで見つかったものは、どれも軽い歌になる。世間はぼくに、お正月という別世界をくれる。

　そうやってさんざん歩いた後、あたりはとっぷり日が暮れて、友人の家をたずねると、さあどうぞ、とお正月のおもてなし。ぼくはお正月の神様に会ったみたいで、思わずぽっとして、気が抜けてしまう。

　大晦日の夜、近所のスナックでもらった野菜を、ラーメンに入れて食べる。部屋の主は寝正月を決め込んでいて、うんともすんとも返事をしない。そんな十代の終わりのお正月から、真昼の懐中電灯のお正月。ひとりでいるのがお正月だったのが、ある日突然ふたりになった。ふたりには小さなおまけがついていた。おまけはお正月がくるたびにぐんぐん育ち、いま湯船から顔をだしている。

「トモくんも、泣いたことがあるんだってねえ」。お湯の中でニコニコしている一穂は、もうそろそろ食べられる、畑のブロッコリーのようだ。その赤い顔をもいで、ガブリと口の中に入れてしまいたいような気分。

　あれから八年たった。親であるぼくもそうだけど、お年玉ばかりが際(きわ)だって、子どもにはお正月らしさがわからない。三箇日(さんがにち)の人出を外して、井の頭公園駅下の空き地へ凧上げにいくと、「人のいないところで凧上げするのは恥ずかしい」と、なぜか一穂はいう。

売り切れたチケット

これは東京であった本当の話。朝から雨が降りそうな八月のはじめ、新宿厚生年金会館の前にはもうたくさんの人。町の大きな交差点を、厚生年金会館にむかって放射状にたくさんの人の列が急ぐ。まるで空から見つめた、雨のよう。

緑と赤と黄色に色分けされた毛糸の帽子を冠り、同じように、緑と赤と黄色の布をつなぎ合わせたシャツを着た人たちがいる。これはラスタマンたちのトレードマーク。そうじゃない人たちの間にまじって、彼らの着ている衣装はひときわ目立つ。

巨大な魚の腹に飲み込まれていく海水のように、勢いに乗って厚生年金会館の中に入って行く人たち。そうじゃない人たちは、チケットを持っていないのか、待ち合わせている人が来ないのか。ぼくも、会館の前につっ立っている大勢の人たちと同じように、チケットがない。立ち見券でさえ、三時半に売り切れた、と入り口に書いてある。これはもうどうしようもない、と帰ろうとすると、

「おい、トモ」と呼ぶ声がある。振り返るとそこに、フリーライターで、レゲエバン

ドもやっている下村誠の顔。

彼もやっぱりチケットがない。彼のまわりには、やっぱりチケットがない十人位の友だち。これではらちがあかないと、彼は大きな声で叫びはじめた。

「チケット余っている人いませんか」

チケットを余分に持っていて困っていた人は結構いたようで、あっという間に、十二人分のチケットが集まった。

欲しくて欲しくてたまらなかったチケットだから、手に入れた人は大感激、気前良くなって二百円ずつ余分に払い、それでもみんなニコニコしていた。

その様子を見ていた、言葉の通じない外国の女性やカップルや、言葉ばかりでなく、気持ちだってすぐに通じるはずの日本の女性やカップルたちも、下村君に一声をお願いしにやって来た。

気前のいい下村君、もう人影もまばらになった会館前の人だかりに、「チケットあと四枚余ってませんかー」と、跳んだりはねたりしながら、声を限りに叫び続け、開演ぎりぎりにやっと四枚をかき集めた頃には、会館前には人影はもうほとんどなかった。

こうして聴いた「サード・ワールド」のコンサートは大変面白かった。予定のアンコールを終えた後も聴衆は一向に帰ろうとはせず、十分経ち、十五分経ち、大道具の人たちがステージをバラしはじめても手拍子は鳴り止まない。てのひらが痛くなるほど手拍子をつづけ、それでもだめかと思われたころ、マネージャーらしき人が出てきて、もう一曲やることを告げた。

その瞬間ぼくが他の大勢の人たちとともに感じたものは、もうずいぶん前に感じたけど、久しくなかった、なつかしいものだった。ぼくは、いったいどんな人たちがこのコンサートに来ているのだろうと思い、そこにいる人たちの顔を見た。

大勢の人たちが、最後の曲に、耳ばかりではなく体を傾けるのを見て、ここにもちゃんとドラマがあるんだな、と思った。ぼくはいつか、ここにいる人たちの表情を絵に描いて、一冊の本にまとめてみたいな、と思った。そしてその本には、『コンサート』というタイトルをつけようと思った。

夢の中でディランと丘にのぼった

ある側面を促えてみても、他に適用できるわけではない。しかも、そのやっと促えたものでさえ、日保ちしない。ボブ・ディランの行為に着せてやる服はない。まだほとんど裸のままの体に、ぼくが着せてみようとした服の断片がまだらに引っかかっている。ぼくがしようとした行為には、まるで意味がないことが、その姿を見るとわかる。

でも、別に何もしようとしない時、たとえば、夢の中なら、ぼくはボブ・ディランに会えるだろう。ぼくが暮らす閑寂な住宅街にある墓地で、実はゆうべ、ぼくはボブ・ディランに会ったのだ。

ぼくは樺の木のある小高い丘のあるあたりで、友だちとキャッチボールをしていた。季節は夏の終わりか、それともまだ夏の始め。とにかく、風が吹くと感じる光の具合が耳たぶにとてもくすぐったくて、けっして冬なんかじゃなかったと思う。ボブ・ディランは、ハイエースのような車に乗ってブブッーとやってきて、墓地の脇に車を止めた。なんと、アレン・ギンズバーグも一緒だった。

　夢の中の杉並区は、あちこちで地肌がむき出しになっていて、まだ未開発の土地だった。子供たちは、創刊号の雑誌のような元気さでとびはねていたし、湿度は低かった。そして墓地の隣にはインディアン居住区があり、ボブ・ディランはそこに住む一人のおじいさんに、一匹の魚を届けるためにきたのだ。そして、アレン・ギンズバーグは、映画『ドント・ルック・バック』の予告編の時と同じ距離を、ディランとの間に保っていた。

　おじいさんに魚を届けてしまうと、もう用はなかった。夢の中で、なぜかぼくはディランと二人並んで、丘をのぼるのだった。ぼくは何度も話しかけようとするのだが、かなわず、丘のてっぺんにたどり着く少し手前で、やっと「素晴しかったです」と言うのだった。

　丘の上から見ると、あっちこっちの木々が、歌でも聴くようにぼくたちを見ていた。アレン・ギンズバーグは一足先に車の所に戻り、集まってきた子供たちに詩を聴かせていた。独楽(こま)まわしの詩だった。

　新しいレコードが出るたびに、以前はそれほどでもなかったレコードが良く思えてくる。たぶん、歴史はそんな風にして作られていく。ぼくは今、「スロー・トレイン・カミング」が好きである。以前、「ブラッド・オン・ザ・トラックス」が好きだったように。そのようにしてぼくは、いつもボブ・ディランの全体に還っていく。ぼくの、つぎはぎだらけのボブ・ディランにである。

丘の上で、なぜ「素晴しかったです」と言ったのか、ぼくも知りたい。たぶん、丘の麓で聴いた歌のことだろう。そして、ぼくもその時歌ったはずなのだが、それについての感想は、夢の中のボブ・ディランからは聞けなかった。夢からすでに二、三日経つが、あの地肌のすっかり見えてしまった杉並区へ、もう一度行けないものだろうか。

ハッピー・クリスマス　ジョン・レノン&ヨーコ

朝七時二十分。小学校一年の息子に起こされる。嫌だな、と思いながら、頭の中で自分でもよくわからない駆け引きをした後起きる。起きて昨日の汚れた食器を洗い、オムレツを作る。ユミが起きてくる。ユミは時々とても寝坊助になる。紅茶を入れる。ラジオをつける。ジョン・レノンの「マインド・ゲームス」が流れてくる。

十二月が近づくと、ジョン・レノンの歌をよく聞くようになる。そして、ジョン・レノンの歌が聞こえてくると、「もう、十二月なんだな」と思う。ジョン・レノンの歌をよく聞くようになるのは、十二月八日がジョン・レノンの死んだ日だからで、キリストが生まれた十二月二十五日のクリスマスとは別のはずなのに、それが一緒になって十二月を思い出させる。

ジョン・レノンを撃った弾丸は、同時に、ジョン・レノンを愛する人々の心臓をも撃ち抜いた。その痛みがまだはっきりと残っているのに、ぼくはまだジョン・レノンが生きていると思っている。毎年十二月八日が来るたびに、ぼくはジョン・レノンが死んだということと、それでもまだ生きているという二つのことを確認する。生きている、ということは、まず曲が生きているし、ぼくの中の痛みが生きている。この痛みが生きている限り、ジョン・レノンが生きているという感情は消えないのではないかと思う。

キリストが生まれた日、あちこちから神の子の誕生を見に人々がやって来たという。ジョン・レノンの毎年の死と再生は、ぼくらが自分の中でささやかに確認するしかない。しかし、街には十二月になるとジョン・レノンの歌が流れている。平凡な朝、ぼくにはそれがクリスマスソングのように聞こえる。遠い将来、子供たちが大人になったころ、クリスマスに流れる歌は、ぼくらが歌ったクリスマスソングと、ジョン・レノンのこの歌と、どちらが多いだろう。その区別すらも、もうないかも知れない。

ゴロワーズブルーの幻想　イブ・シモン

去年の夏の終わりに、ロンドンからはがきが来た。その人はフランス人で、以前モンゴルの大学で英語の先生をしていた頃、日本に夏休みで旅行にきて、たまたま知り合った女性だ。はがきには、ロンドンの居心地の悪さとパリの良さが書いてあり、ぼくやユミにも来るように、とあった。ぼくは早速その人への返事のような歌を作り、秋には行きますと言ったのだが、ついに行けなかった。

九月にタイから、カラワンという名の楽団が日本にやってきて、東京や、名古屋、松本、長野などで公演をした。聴きにいって、いっぺんにファンになってしまったと同時に、いろんなところに音楽があるもんだなあ、と感心してしまった。「音楽は世界の共通語だから、タイ語の私たちの歌も、きっとわかってもらえると思います」というスラチャイの言葉は、あたり前すぎてぼくが忘れてしまっていたことだった。

フランス人でぼくの好きな人に、イブ・シモンという人がいる。八年程前、ラジオで聴いた「ゴロワーズブルーの幻想」が印象的で、翌日、早速レコードを買いにいった。素晴らしいことを思いつく人はたくさんいるのに、世の中がひとつも素晴らしくならないのはどうしてだろう、イブ・シモンは、そう言っていたような気がする。夜、電車に乗っていると、背中に羽根をはやした少年少女たちが、地球のまわりをぶうんぶうんと翔びまわっていることがある。その姿は奇妙なだけ、理想により近い気がするのだ。

ロンドンからはがきをくれたマチルダに、イブ・シモンのことを聞いたことがある。すると、フランスには、もっともっと面白いミュージシャンがいるというのだ。幾人かの名をあげてくれたが、知らない名ばかりだった。ぼくは喜々として、フランスへたまらなく行きたくなったものだった。

日本にいて知ることのできないミュージシャン、作家たちがいる。そういう人たちにどうしたら出会えるのだろう。

哀しみのダンス　レナード・コーエン

妻のユミは、今夜もいつもの仲間たちと飲みにいっている。ぼくはひとりでレコードを聴いている。たまには一人でいるのもいいもんだ。妻は外で元気でいることはわかっているから。

ところで、六年ぶりにレナード・コーエンのレコードが出た。今、それを聞いている。レナード・コーエンと言ってもご存知じゃない人の方が多いだろう。フランスでは、コンサートを開くと、十数万の人が聞きにくるという。日本では、レコードが出てもわずかの人が聞くだけだ。レナード・コーエンはカナダに生まれたユダヤ人で、現在はニューヨークのホテルに一人で住んでいるそうだ。その昔、ギリシャのヒドラ島という所に家族とともに暮らしていた時に出した、『ソングズ・フロム・ア・ルーム』というレコードがぼくは大好きだった。もう十数年も前の話だ。高校を出たての頃、ぼくはそのレコードをレコード屋のケースの中に、予備知識も何もなしに見つけたのだ。まずジャケットが他のものとはまるで違っていたし、フランスのシャンソンのレコードみたいな雰囲気にひかれた。聞かずして好きになった。実際にそのレコードを買って聞いたのは、それから一、二年して少し話題になり出してからのことだったのだが、ぼくはその内容を知っていたし、もうぼくのものだった。

一人暮らしの頃、部屋にいてレナード・コーエンばかり聞いていた。「遠い昔みたい」なんか何十回も聞いた。聞いているとぼくは、外にいるのか部屋にいるのかわからなかった。いずれにしてもぼくは、たった一人で広い所にいた。

今夜は寒いので、石油ストーブを暖炉みたいに炎を出して燃やしている。妻がそばに来て言う。

「なつかしいね。レナード・コーエンの歌を聞くと、新宿にいた頃のことを思い出すな」

ユミと出会った頃、ぼくは新宿に住んでいて、ユミとよくレナード・コーエンを聞いた。一年後ぼくらは結婚して、吉祥寺のはずれに引越しをした。もう一穂が生まれていた。吉祥寺のはずれのアパートで、レナード・コーエンを聞いただろうか。聞いたはずだ。その頃たしか、『ある女たらしの死』というレコードが出たのだ。『神話を生きる』という詩集も翻訳されて出た。ぼくは確か一穂とユミと、第一回ぴあ展に行き、レナード・コーエンについての催し物で歌ったのだ。会場をうろつく黒頭巾のパフォーマーたちに、一穂が激しく恐怖したのだ。

新作「哀しみのダンス」を聞いていると、レナード・コーエンの雰囲気を非常に愛していた頃のぼくを思い出す。五十歳を越えてやっとダンスを覚えたレナード・コーエン。このレナード・コーエンは、あの時のまま年をとったぼくなんだ、というように思える。ぼくが心の中でやっていたことが、そのまま年をとって今のレナード・コーエンになった、という風に。自分の年のとり方じゃわからないことが、他人を通してわかる。

「哀しみのダンス」の中のぼくと、今夜ぼくが聞くレナード・コーエンとが一緒になって、哀しみのダンスを踊っている。

シャツは内側から染みる

ザ・バンド

ザ・バンドのレコードを初めて見かけたのは、ぼくが大阪にいたころ、同じアパートにいた人の部屋でだった。そのレコードは、ザ・バンドの二枚目の「オールド・ディキシー・ダウン」が入っているやつだった。

その頃、大阪では、ザ・バンドが大モテだった。ぼくのよく行っていた喫茶店「ディラン」の近くにも、皆が「ビッグピンク」と呼んでいる飲み屋があった。「ディラン」の近くにあったから、「ビッグピンク」と呼んだのかな、と今になって思うのだが。

その頃「ディラン」に通っていた人で、ヤマハに勤めている、通称ゴリラという人がいた。ある夜その人が、ザ・バンドとボブ・ディランが一緒に演っている海賊盤が入った、と興奮気味に話していた。それが、「アイ・シャル・ビー・リリースト」の入っていた、『グレイト・ホワイト・ワンダー』だった。真白で何も描かれていないジャケットに、ぼくは、「ストップ・イン・ザ・ネイム・オブ・ラブ」と落書きして、とても大事にしまっておいた。

『ミュージック・フロム・ビッグ・ピンク』の特徴は、ぼくにもわかった。誰にも真似のできないものだった。多くの人が、ザ・バンドのようなバンドを作ろうとした。時の流れの中で、いろいろに受け取れるザ・バンドの音楽は、聞く人によっても、ずいぶん違っていたのだろう。彼らが作ったバンドは、カントリーのようであったり、ブルースのようであったりした。だけど、ザ・バンドのようではなかった。

あの頃、誰もが、何かのような音楽をやりたがっていた。今、多くの人は、何のようでもない音楽をやりたがっているのではないかと思う。ザ・バンドは、何のようでもないバンドだったのだ。だから、今の方が、ザ・バンドのように新鮮なバンドが生まれやすいのではないだろうか。

ザ・バンドを聴いていると、ぼくが夢中になっている『指輪物語』を思い出してしまう。その物語の中に登場するホビットたち、フロドやサムやピピンやメリー、それにガンダルフや、他の大勢の人たちのことを。また、彼らが困難な旅を続ける、険しい山々のことを。二十五年以上も前に始まったザ・バンドの困難な旅は、『指輪物語』の中のさまざまな様子によく似ている。今回、再び、ザ・バンドが活動を始めたのは、彼らの物語が、まだおしまいではないことを示すのだろうか。そして、ただ一人欠けているロビー・ロバートソンは、よりきびしい道に行こうとした、たった一人のホビットなのだろうか。

過去にあった音楽が一度に砕け散って生まれたようなたくさんの新しいグループや音楽。その後から、旅芸人のように再び姿を現わしはじめたザ・バンド。アコーディオンや笛の音、ギターの音、旅する男たちの歩み。彼らの姿が見えはじめると、それまで外に向けて水を放っていた者たちの心は内側から濡れる。シャツは内側から染みる。そこには、ヘッドフォンをはずした後も聞こえる音楽がある。

ずっと前、ぼくはカリフォルニアのオークランドで、ザ・バンドの演奏を聞いた。そこは大きな競技場で、ぼくのいたところからザ・バンドの演奏するステージまでは、丘を一つ越えるぐらいの距離があった。まばゆい光の中で、演奏はとても遠くに感じられた。ぼくのすぐ前では裸になった人たちが、ホースで水をかけ合っていた。水しぶきはとても高く、青空めがけて飛び散り、そのあざやかな動きに見とれているうちに、演奏は、あっという間に終わってしまっていた。彼らがいなくなったステージの向こうには、耕されたばかりの肥沃な土地が広がっていた。その幻は、次に、クロスビー・スティルス・ナッシュ&ヤングが登場するまでのしばらくの間続いた。

時の狭間を、二重翼の旧式機が飛ぶ。そのプロペラの音には、どこにも属さない新しさがある。

武蔵野エレジー

美輪明宏

十年程前よく行っていたお店で、「ランボー」というところが阿佐ヶ谷にあった。そこの主人は、気が向くとお店をしめ、ふらりとひとり山へ行っちゃう人で、暗くはないけどあまり話さない人だった。いつ行っても静かな店内で今でもぼくが覚えていることといえば、その主人が吸っていたパイプの香りと、無造作に手でつかんでかけてくれた、美輪明宏の『日本心中歌謡史』というレコードの中の「武蔵野エレジー」という曲だった。

一九七三年、『また見つけたよ』というLPを出した頃、コンサートをやろうということになり思いついたのが、その美輪明宏をゲストにするということだった。ぼくは早速、美輪明宏が出演するという日に、その話をもって、〝銀巴里〟まで会いに行った。初めて行った〝銀巴里〟はすごかった。

夢中で東京にやって来て、〝銀巴里〟めざしてかけてきた少年のような気分になった。

なんだか今じゃないものがキラキラしていた。

ステージの合間に、美輪さんにコンサートへの出演の依頼をした。美輪さんは快く引き受けてくれた。ただし太宰治は嫌いだということで、彼の死をあつかった「武蔵野エレジー」を一緒に歌ってくださいとお願いしたことは、申し訳ないことをしたかなと思ったが、うれしかった。

当日、美輪さんのファンの人たちがたくさん来てくれて、千代田公会堂は超満員になった。エレベーターの中で乗り合わせた美輪さんは、おばさんのようにも見えた。ステージで美輪さんはぼくのことを、「私の息子です」と呼んだ。緊張の極みでぼくは、美輪さんと「武蔵野エレジー」を合唱した。

気がつくとコンサートはもう終わっていた。美輪さんと喋り方のそっくりなバンドの人たちも、ぼくの演奏を飛び入りで助けてくれたムーンライダーズの鈴木慶一や武川君も、みんな消えていた。まさに、今じゃないものが、キラキラと輝いていたのだった。時は一九七三年。ぼくがまだ二十三歳のときの話だ。

もてないおとこたちのうた

早川義夫

歌を聴いて、どれだけ泣けるものだろう。

ぼくは一度、記録的に泣いたことがある。それは、早川義夫の『かっこいいことはなんてかっこ悪いんだろう』というLPを聴いたときだ。

あの時出た涙の量を、計っておけばよかったと今になって思っている。

一度泣きはじめると、今度はもっと泣こうと思ってレコードを聴きなおすのである。すると、不思議なことにまた泣けてしまう。涙はとどまるところを知らない。涙の涌きでる泉はとっくに涸れてしまっているはずなのに、それでも出つづけるのである。

そうやって、何度レコードをかけなおしただろう。お昼ごろ泣きはじめたのに、あたりはもう暗くなりはじめていた。確か、もうここらでやめておこう、とはっきりと意識してやめたのだと思う。とたんに涙は出なくなってしまった。気がつくとぼくは、友だちの部屋のステレオの前にいた。

どうやらそこでずっと、首をうなだれて泣いていたらしい。

それほど豪快に、自由自在に涙を流したのは、たぶんその時限りである。泣きたい時はいくらでもあったけど、たいていはとてもそんな環境じゃなかったりとか、自制したりとかで、泣かなかった。あの時泣けたのは、ぼくのために部屋を空けてそっとしておいてくれた、友人の気づかいがあったからだと思う。もしかしたら、途中でトイレに立ったりとか、水を飲んだりしながら泣いていたような気もするのだ。

ＬＰの中で特に気に入っていたのが「もてないおとこたちのうた」だった。

〝もう少しなんとか……〟という出だしを聴いただけで、涙は呼びもしないのに、ぼくの中から溢れ出てくるのだった。

『かっこいいことはなんてかっこ悪いんだろう』は、今もぼくのレコード棚に入っている。たぶんぼくの持っているレコードでは、最も古いレコードの一枚だろう。あの時十分に泣いたせいか、このごろではあまり聴くことはない。でも、ぼくのいちばん好きなレコードである。

ネクタイとハイウェイ

井上陽水

井上陽水という都市があるとしたら、そこから個人個人の町に伸びるハイウェイがある。ぼくはそのハイウェイを通って井上陽水に会いにいったことは数度しかないし、井上陽水もそれを使ってぼくの所に来ることはまれだった。ただそのハイウェイは今も井上陽水とぼくの間にあって、それを使うとしたらぼくか陽水しかいないはずなのだ。

たぶんぼくのところに来るハイウェイは、最も使用度の低いハイウェイなのだろうけど、頻繁に使われるハイウェイもあるのだろう。そして敷いただけで一度も使われたことのないハイウェイも。

ぼくが井上陽水と知り合ったばかりの、彼がまだLPを一枚か二枚しか出してなかった頃には、まだそんなハイウェイは必要なかったんだろうな。ぼくたちは二人して、夜の裏路地を抜け、ストリップ劇場に出かけていったのだから。

井上陽水と何曲か歌を作ったことがある。そんな時彼は、どこかで会って打ち合わせをしたり、曲の吹き込んであるテープを郵送してきたりすることはなかった。彼は電話で歌詞の字数だけを伝えてきたのだ。

そのせいもあるのだろうが、陽水の歌を聞いているとある景色を思い浮かべてしまう。映写機がカラカラと回ってフィルムを送りだしているのだが、その映写機には巻きとる方に空リールがついていない。だからフィルムは映像を映すとそのまま、床に流れ落ちてたまっていく。そのフィルムというのが、陽水の歌のような気がしてしまう。

字数を見ながら、曲を想像しながら、四苦八苦して作った歌のいくつかはレコードになり、いくつかは誰にも歌われないままになっている。どういう曲で誰が歌うのかもわからない歌を作るのは、経験不足ということもあって難しく、あまり納得のいくものはできなかった。試みとしては非常に面白いと思ったのだけれど。

井上陽水のことで何かを言おうとしていたら、歌謡曲ということと未来ということを思った。アメリカ資本のコンピューター会社のロビーで、カレーうどんを食べながら歌について語っている、という感じなのだ。ぼくの感じでは、コンピューター会社のロビーっていうのが未来で、カレーうどんっていうのが歌謡曲なのだ。流行している曲の九十パーセントは、人工的なわざとらしい毒々しい歌だ、という陽水は、二人で曲を作る時にもその九十パーセントの中に入るものを狙っていた。だが耳や目から入ってきた情報が即、歌にはならないぼくには、残りの十パーセントの中に入る曲こそ新鮮に思えてしまった。

自分というものにあまりこだわらないで、社会現象でありつづけているかのような陽水は、現在を切り取るのもスマートでうまい。その陽水がぼくの所に遊びにくる時に作ったハイウェイが、まだそのままになっている。井上陽水はおでかけの時に、ネクタイを結ぶようにしてハイウェイを作る。

1990年代

『パリの友だち』（１９９１年）より

バグダッド――かたちのない不安

パリ行き、バグダッド着

　本当はエアランカ航空で、バンコク、コロンボに寄ってからパリへいき、帰りも同じコースで戻ってくるゆっくりした旅を考えていた。ところが頼んでいた旅行会社からの返事がちっともこないので、たまたま空席が出たイラク航空で一九九〇年八月一日に成田を出発することになった。バグダッドを通るというので、二、三人の人が心配してくれた。ずっとイランと戦争をしていた国なので漠然とした不安はぼくにもあったのだが、旅行会社の人は絶対安全という太鼓判を押してくれた。前日、出発が五時間遅れるという連絡が入り、わりとゆっくりと成田空港に向かった。連絡を受けなかった人たちは予定通り空港に着いて、七時間ぐらい待たなくてはならなかったらしい。結局六時間遅れて、八月一日午後七時すぎに、イラク航空機は離陸した。

クレオパトラみたいな顔をしたスチュワーデスの乗ったイラク航空機には、毛布はなく映画の上映もなかった。座席は窮屈で、トイレのいくつかはドアが壊れていて使えなかった。戦争が長びいて、とてもそういったことの修理や改善をする余裕がないということだ。搭乗手続きの時に預けた荷物を、もう一度乗る直前に自分で確認させられたことには驚いた。また、飛行機に乗り込む時、ふたつあった入口を男女に分けて、念入りに身体検査をさせられたことも不快だった。それだけでかなりの時間がかかったはずだ。イラク航空機はまるで飛び立つのを嫌がっているみたいにのろのろと作業を進めた。実際そうだったのかもしれない。遥か本国のクウェート侵攻を予知して、離陸することを迷っていたのかもしれない。

夜中にバンコクに到着した。飛行機を降りて空港ロビーに入り、バンコクの友人、ワッサンに電話しようとしたが、両替できなくてあきらめた。バンコクは、蒸したワラ束を頭から被せられたように暑かった。沖縄の真夏の真昼の海岸を、真夜中にあてはめたみたいだった。バンコクで大勢の人が降りて、大勢のヨーロッパ人が乗ってきた。たぶんこの人たちはバカンスから帰る人たちなのだろう。すっかりタイに染まった体で、英語やフランス語やドイツ語を話している。

バンコクから座席は自由席になった。ぼくのまわりには、日本から帰るイラク人たちがいた。愛知県のトヨタ自動車を長期訪問して帰る人たちらしい。日本の印象は大変いいようだ。非常に陽気で、クレオパトラのスチュワーデスたちも、彼らにはとてもにこやかだった。

インド人たちが乗ってきて機内の掃除をはじめたので目が覚めた。一本一ドルの缶ビールでいつの間にか眠っていたようだ。インドに寄ることは聞いていなかったので驚いた。空港の建物についているネオンの文字を見て、もしかするとデリーかもしれないと思ったが、本当はボンベイだということだった。それにしても、予定にない空港に一時間も止まっているのは、とても奇妙に思えた。早口の英語のアナウンスをぼくはぼんやりと聞きのがした。誰も降りなかったし、誰も乗ってこずに再び飛行機は飛び立った。夜明けにバグダッドの上空にさしかかった。隣のイラク人が窓から指さして、ユーフラテス川だと言った。川は真っ先に夜明けを告げて光り輝いている。

バグダッドのサダム空港は、建物の天井のデザインがちょっと変わっていた。ぼくは、巨大な蜂の巣を思い浮かべた。出発便の案内板には、六便しか表示されていない。アンマン、アムステルダム、パリ、フランクフルト、ローマ、カイロ、そのどの便もイラク航空だったので、かえって変だと思った。日本に電話したいと思ったが、電話ボックスはあっても電話はなかった。一台使えるのがあったが、かけかたがわからなかった。レストランも両替所もまだ閉まっているようだ。

アンマン行きの搭乗を開始していたが、ぼくにはアンマンがどこなのかわからなかった。待合室へいって外を見ると、滑走路に沿って防空壕のような白っぽい建物がいくつか目に入った。持っていたフジカシングル8で撮影しようかと思ったけど、なんとなく自主規制する気持ちが働いてしまった。搭乗手続きがすんで搭乗券はもらったけれど、なかなか搭乗開始のアナウンスはない。ぼくは家族連れの日本人とパリのホテルの情報交換などをしていた。そうこうするうちに、地元のイラク人たちの搭乗がはじまった。九時半、パリ行きの出発時刻である。涙が止まらない女性がいて、どんな別れなのだろうと興味を引いた。イラク人たちが乗ったあとに乗れるのかと思って列を作っていたが、一向にその列が動き出さない。それどころか、空港職員が搭乗券の回収をはじめた。誰かが理由を聞くと、職員は英語で「今日はもう飛ばない」と答えた。わけがわからないでいると、空港が急に閉鎖されたのだと説明してくれた。それでも、ぼくにはよく事情がのみ込めなかった。なんのために閉鎖されたのかがわからない。どのくらい閉鎖されるのかもわからなかった。空港の職員もわからないらしい。たぶん一週間ぐらいだろう、と答えていた。よく事情がのみ込めないまま、ぼくは動揺していた。パリや東京に連絡を取りたいけど、イラクのお金は持っていない。なんとか別の方法でヨーロッパへいくことができないのだろうか、と話している人たちもいる。職員に促されて、ぼくたちは荷物を受け取ったあと、バスで市内のホテルに向かった。

荷物は重たかったけれど、それ以上に不安を感じている自分の気持ちが重かった。サダム空港周辺は荒涼としていて、道路には一台の車も走っていなかった。それでも市の中心に近づくにつれて、一台、また一台と、どこからか車が集まってきてバスと並んで走りはじめた。道路が日常の感覚を取り戻すころ、ぼくたちを乗せたバスは市の中心街に入っていた。街の光景はインドのデリーなどとよく似ている。目につく人の数は遥かに少ないけれど。ぼくたちの乗ったバスは、メリディアン・ホテルというかなり立派な建物の前に止まった。バスの運転手がゆっくりとホテルの中に入っていった。その様子で、ぼくたちはこのホテルに泊まるのだろう、と思って待っていた。ところが、三十分待っても、一時間待っても彼は戻ってこない。エンジンはかけっぱなしなので車内のクーラーはきいているけれども、バスの中は窮屈で、降りてホテルの中の様子を見にいく人たちも出てきた。ぼくもがまんできなくなって、ホテルの中に入ってみた。奥のほうで運転していた人がホテルの人たちとまだ話し込んでいる。先にきていた人に聞くと、部屋がふさがっていて全員は泊まれないので、ほかのホテルを探す相談をしているらしかった。

バスはしばらく走って、さびれた遊園地のようなホテルにたどり着いた。メリディアンやシェラトンなどがある旧市街からはかなり離れていて、できればここも満員であってほしいと本気で願った。外は油田でも爆発したかのような明るさと暑さだった。ホテルの中はひっそりと静まり返っていた。ここにくる途中、空港への道路標識を見かけた。バスが空港とは逆のほうへ走っていることがわかって、観念するしかないと思った。メリディアンがだめになったあと、もう一度空港に戻れるかもしれないとほんのわずかばかりの期待を抱いた。あきらめたら急に腹が減ってきた。もう昼の十二時を回っている。イラクに着いてからは、まだ何も口に入れていない。一滴の水すら飲んでいなかった。日本との時差は六時間だ。今ごろ日本は夕方で、ユミは時計を見ながら、ぼくがそろそろパリに着くと思っていることだろう。いっぽうパリでは友だちのマチルダが、オフィスでぼくからの電話を楽しみに待っているはずだ。一九九〇年八月二日、ぼくは東京にもパリにもいなかった。その代わりにいるはずもないバグダッドにいた。果してぼくは存在しているのだろうか。そんな不安を抱きながら、その日からの六日間をぼくはチグリス川のほとりのホテルですごすことになる。

チグリス川のほとりのホテル

食事が二時半ごろになるというので、シャワーを浴びることにした。ぼくと同室になったのは、アメリカ人のジェフという男だった。ダブルベッド・ルームをふたりずつで使ってほしいと言われ、相手の決まっていないぼくにジェフのほうから声をかけてきたのだ。幸いシングルベッドをくっつけたものだったので、ひとつのベッドでふたりで寝るというイメージはなかった。ジェフのほうははじめからそんなことは気にしていないみたいで、部屋に入るとさっさと裸になり、シャワー室へと消えた。窓からは公園が見下ろせた。公園には棕櫚(しゅろ)のような木がたくさんはえている。左手のやっと見えている川っぷちには警察か軍の監視所があって、公園の向こう側には大統領官邸があるという話だった。右手のほうには、モスクの金色の丸屋根が見える。モスクを中心に、放射線状に町が広がっているらしい。部屋の中はクーラーがきいていて涼しかった。外は言葉も忘れるほどの暑さなのに。納得はできなかったけど、バグダッドでの一日目がもうとっくにはじまっていた。ぼくは荷物をベッドの上に置いたけど、形のない不安はどこに置いたらいいのかわからなかった。ずっと自分の心の中にしまったまま、ここでどのくらいすごせばいいのだろうか、と考えていた。

ジェフはシャワーを浴びると、パンツだけ履いてベッドに寝転がり、そのまま眠ってしまった。ぼくはシャワーを浴びると、何かしたほうがいいと思い、下着とズボンを洗濯した。パリで履くために買ったこげ茶色のチェックのズボンは、バグダッドでもうすでに埃まみれになっていた。この次、パリの土を踏む時のために、洗って取っておこうと思ったのだ。

レセプションの男に国際電話を頼んでおいたので、つながったかどうかを聞きに降りていった。ぼくの部屋は四階だけど、イラク式に数えれば三階にある。エレベーターはふたつあったけど、待っているよりは階段を使ったほうが早かった。レセプションの男はぼくにこう言った。「政府の都合で、国外に電話をつなぐことはできない」と。ユミとマチルダの心配している顔が同時に浮かんだが、どうしようもなさそうだ。公衆電話ではドイツ人やフランス人が大使館に電話をかけている。グループツアーの添乗員の人たちも、日本大使館に電話をかけていた。レストランへいくと、大勢の人たちが食事を待っていた。空港でパリのホテルの情報を交換した家族連れの人が、「ちゃんとテーブルについていないと、食事がもらえないみたいよ」とぼくに言った。そこにいる人たちの全員が、腹ぺこで今にも死にそうな人たちだった。ぼくもテーブルにつき、数のひとりに入れてもらう。部屋で眠っているジェフのことなんかすっかり忘れていた。

チグリス川のほとりに建つカディミヤ・ツーリスト・ホテルに連れてこられたのは、全部で九十人だった。そのうち七十三人が日本人で、残る十七人はフランス人、ドイツ人、イタリア人、ベルギー人、スペイン人、オーストラリア人、オランダ人、アメリカ人だった。日本人の七十三人のうち四十人が個人の旅行者で、残る人たちがふたつのグループツアーの人たちだった。カディミヤ・ツーリスト・ホテルは、東洋エンジニアリングの人たちが宿舎にしていた。そこのOさんは、疲れきっていたぼくたち全員に、ハンバーガーをさし入れてくれた。不安を抱いてたどり着いたホテルに、日本人がいたことは心強いことだった。

成田を出て一日とちょっと、その短い間にも、何人かの人たちと知りあった。そのひとりが、添乗員としてきているマップ・インターナショナルの小沢さんだ。はじめは十数人の小さなツアーグループの添乗員だった小沢さんだが、事態が緊迫してくるにつれ、ヨーロッパ人も含めた全員の添乗員の仕事を引き受けてしまっていた。

時々石の混じっている白米とナンの食事のあと、サービスとして出るペプシコーラを飲んでいたら、小沢さんが、「一緒に両替に出かけませんか」と言ってきた。翌日の金曜日はイスラム教の国では休日なので、ぜひともドルをディナールに替えておかなければまずいらしい。知らない街をほっつき歩くのは大好きだから、ぼくはすぐにオーケーの返事をした。

銀行はもう閉まっている時刻なので、シェラトン・ホテルかメリディアン・ホテルにいくことにした。守衛が親切にもタクシーを止めてくれて、運転手に「シェラトンまで三ディナールでいってほしい」と言ってくれた。ぼくたちはお礼を言ってタクシーに乗り込んだが、さて三ディナールが何ドルなのかがわからない。小沢さんは持っていた十ドル札を運転手に見せて、さっそく闇両替の交渉に入った。

タクシーの窓が少し開いていた。そこから熱い風が車内に飛び込んでくる。熱風というロマンティックな言葉を思い出したが、熱い空気を車内に入れないほうが涼しい。窓をぴったりと閉めて小沢さんのほうを見ると、もう交渉は成立したようである。尋ねると、十ドルを十八ディナールと替えたと言う。得したのかどうかは全然わからない。

シェラトンに着いた。小沢さんだけ中に入って、両替の交渉をしにいく。両替はぼくたちのホテルではできない。シェラトンのような一流のところでなくちゃだめなのだ。ぼくは中に入れてもらえないので、入口のところでずっと見ていた。宿泊客たちは中に入る時、荷物や所持品を厳重に検査されている。やがて小沢さんが出てきた。交渉は失敗だったようだ。すぐ向かいのメリディアンにいった。今朝、ここで一時間半も待たされたのだ。タクシーで乗りつけて、中に入っていく人たちを見ていて、どれだけうらやましかったことか。結局、なぜぼくらが泊まれなかったのかははっきりしないままだった(日本に帰ってから読んだ新聞には、アメリカ人の人質を収容するために空けておきたかったんだ、と書いてあったけど)。

メリディアンでも両替はうまくいかなかった。メリディアンの宿泊客にしか両替はしてくれないのだ。でも、ぼくたちの頼みに耳を貸してくれた女性は素敵な人だった。ほんの少しだけど、話ができてぼくはうれしかった。「小沢さん、ホテルのレストランにいって、ドルでビールでも飲んで、おつりをディナールでもらおうよ」と、冷たいビールを飲みたい一心で提案してみた。小沢さんもこの話には乗ってきた。レストランに入ってビールを注文したあと、ドルを使えるかどうか聞いてみた。するとそのウェイターは、ぼくたちの耳元に顔を近づけて、「百ドルを二百ディナールに替えましょうか」と言ってきた。百だと多すぎると思ったので、五十ドルを百ディナールに替えてもらうことにした。この時も小沢さんはしっかりしていて、絶対にこちらの五十ドルを相手に先に渡さなかった。ウェイターはふたつ折りにした勘定書の間に百ディナールをはさんでテーブルの上に置いた。ぼくたちは、五十ドルを勘定書の下に残して外へ出た。それにしても、ビールがうまかった。〝バグダッド・カフェ〟の魔法にかかって、ぼくの耳は天使の羽根になって素敵な音楽を聞いていた。小沢さんも真赤な顔をしている。

イスラム教の国で、ぼくたちは白昼堂々と酔っ払いをしていた。道を歩いていると一軒の洋服屋があった。店内の服はどれも非常にけばけばしく素敵だ。そのまましばらく歩いていくと、右手に小さな酒屋を見つけた。棚にはビールとスコッチがずらりと並んでいる。バグダッドに、なんでこんな店があるんだろう、と小沢さんは首を傾げていた。でも幻じゃない。スコッチの小瓶をポケットにしまい、ぼくたちは外に出た。交通警官と顔があわないようにしながら、アリババの噴水のある交差点からタクシーに乗り、カディミヤ・ホテルへと戻った。

バグダッドでの第一日目が暮れようとしていた。チグリス川のほとりのカディミヤ・ツーリスト・ホテルは、ミレーの絵の中の農夫のように晩鐘に耳を澄まして建っていた。あたりには高い建物がひとつもない平野の真っ只中だ。

チグリス川の土手に、竹で編んだ椅子やテーブルなどがぽつんぽつんと置いてある。ホテルの宿泊客のために置いてあるのだが、竹作りなのに非常にがっしりしていて重たい。そんなとこがイラクだなあ、と思った。

日が落ちてやっと涼しくなった屋外を、数日のバグダッド滞在を覚悟しなくてはならない人たちが散歩しはじめた。数の多い日本人はなかなかすべての顔を覚えられそうもなかったが、スペイン人のカップルやよく騒ぐフランス人のグループ、成田から人目を引いた誠実そうなドイツ人のカップルの顔はすぐに覚えた。いつもにこやかでちょっと寂しそうなベルギー人も印象的だった。中国系のオーストラリア人の小柄な女性は、第一日目からジョギングをして汗をかいていた。ぼくは竹で編んだテーブルの上に、ウィスキーの小瓶を置いて、ひとりで夕暮れを抱えて座っていた。

チグリス川は、夕日の沈む西のほうから流れてくる。昔々、人類最古の文明が発達したという土地に今ぼくはいる。学校でチグリス川という名前を教えてもらった人は大勢いるけど、実際にその川のほとりに立つ人は少ないだろう。チグリス川もユーフラテス川も、広大な荒れ地の真ん中を流れている。荒れ地はそのまま西のほうにある砂漠に続いている。空も同じように、どこまでも平坦な様子をしている。第一、雲がひとつもない。雲が発生しようとしても、いち早く浄化してしまう透明な力が空一面に張りつめているようだ。こんなにも何もなく荒れ果てた平原の真ん中に、数千年前、なぜ文明が起こり、王朝が栄えたのだろう。「昔はここも、肥沃な土地だったのですよ」と、神戸からきた男女ふたりの大学生が答えてくれる。いつの間にか一緒にいて、ウィスキーを飲みながら語りあっていたのだ。彼らは成田からウィスキーを持参していた。男の子のほうは外語大学の学生で、女の子は短大へいっているという。ふたりが一緒に旅行していることは、どちらの両親にも知らせてないらしい。バグダッドにいることも、もちろん知らないわけだ。どういうことなのかはわからないが、ぼくはこのふたりがとても好きになった。ふたりもぼくのことを、ほかの旅行者とはどこか雰囲気が違うな、と思って見ていたらしい。ウォークマンにつないだ小さなスピーカーで、有山じゅんじの新譜を聞いていたら、声をかけてきたのだ。ふたりは有山じゅんじのことは知らなかったが、何事も〝気にしなくていいよ〟と、歌う有山じゅんじの歌は、その時のぼくらの状況に妙にあっていた。自分の歌がチグリス川のほとりで聞かれていたことなど、有山じゅんじはもちろん知るはずもない。

互いの顔がすっかり見えないくらい暗くなったころ、レストランから夕食の準備ができたと呼びにきた。バグダッド時間の午後九時、日本はもう八月三日午前三時になっているはずだ。ぼくの消息がわからなくなって、半日以上たっているわけだ。ユミとマチルダは連絡を取りあっているだろうか。ぼくたちがバグダッドにいることを、世界の人たちは知っているのだろうか。夕食の時にも、小沢さんたちは個人客の名簿を作ることなどで忙しそうだ。部屋に戻るとベッドに横になった。隣の部屋からジェフと女の子の笑い声が聞こえてきた。女の子は英語の上手な日本の学生で、ジェフの悩みを聞けるいい友だちになれたようだ。楽しそうなふたりの声を聞きながら、ぼくは眠りに入っていった。その夜、ジェフは部屋に戻ってこなかった。川のほとりで、ずっと話し込んでいたらしい。

イラクでの三食

誰からも何の状況説明もないまま、二日目を迎えた。朝食はナンとバターとジャムと紅茶。これでイラクの朝、昼、夕食を経験したことになる。誰かが「おかずのない朝食が一番おいしいね」と言う。おかずの味つけが、日本人にはあわないらしい。おかずには、生のトマトと玉ねぎのつけあわせがついた。トマトは腐りかけているのもあった。

部屋のクーラーが故障したので、修理を頼んだが、すぐには直りそうもなくて、部屋を替わることになった。客室係の女の子がぼくに年を聞いた。四十歳だと答えると

「あなたの年と同じ番号の部屋に替えてあげる」と言う。色の黒い目のくりくりした女の子の名はモンタハといった。大学生で、夏休みのアルバイトとしてホテルにきているると言う。モンタハがぼくたちの部屋にきてしゃべっていると、廊下をレセプションの男が通りかかった。モンタハはぼくたちに、「仕事をさぼっていたわけではないと言ってちょうだい」と小声で頼むのだった。

ぼくとジェフが荷物をまとめていると、やはりエアコンが故障して部屋を移る準備をしていた隣の部屋の中国系オーストラリア人の女性がぼくたちの部屋にかけ込んできた。よほど驚いたのだろう。大声で「ホテルのルームキーは役に立たない。同じ鍵でどの部屋のドアも開いてしまう」とまくし立てた。さっそく自分たちの鍵で試してみると、彼女の部屋のドアが開いてしまった。誰もが盗難には神経質になっていたので、部屋の鍵がそれを防ぐのに何の役にも立たないことがわかって大笑いになった。

「そういえば、夜中にイラク人が部屋をノックしたよ。返事をしないでいたら、いってしまったけど。鍵が役に立たないとなるとなんだか不安になってきたわ。ねえ、あなたたち、私たちの隣の部屋にきてくれない」と、その小柄なオーストラリア人が上手な日本語で言う。ジョギングで日焼けした小さな顔の中から、目だけ大きくなって真剣な眼ざし。でも、あいにくモンタハがぼくたちに用意した部屋は、彼女の部屋から少し離れていた。モンタハがぼくの年齢にこだわったのだ。ぼくたちの新しい部屋の番号は三四〇だった。

　ぼくは鍵をレセプションに返しにいこうとしたら、「その鍵は持っていようよ。番号は違っても使えるんだから。これでぼくたちの部屋の鍵はふたつになった」と、ジェフが言った。ふたりでひと部屋なのに、鍵がひとつしかなかったので別行動を取っているぼくとジェフは不便だった。ぼくはそのまま、前の部屋の鍵を持っていることにした。

　昼食がすんでそのままテーブルでぼんやりしていた。昨日の昼食と全く同じメニューだった。「こういうことなのか」と誰かがつぶやいた。夕食も昨日と同じに違いない。その時、フランス領事がやってきた。青い風のような足取りで大広間を横切り、隣のレストランに入っていく（ぼくたちは、大広間で食事をしていた）。青い風はフランス人を呼び集め、状況を説明しはじめた。隣のテーブルからは聞こえないぐらいの、おだやかな声だ。ドイツ人もベルギー人もイタリア人も、青い風のまわりに集まった。どんなことを話しているのか、全くわからない。日本人は遠慮してロビーへ出ていった。日本の領事はなぜ状況を説明にこないのだろう、と疑問に思いながら。

　小沢さんが、「果物を買いにモスクのあたりまでいきませんか」と言うので、同行することにした。神戸からきたふたりの大学生ともうひとりが一緒だった。三時をすぎたばかりのバグダッドは、まだ炭を頭に乗せたみたいに暑い。ぼくはハンカチで頭をしばり、盗賊のような出立ち（いでたち）で炎天下に飛び出した。

モスクへ

ホテルからモスクまでは、歩いて十五分ぐらいの距離だ。わからなくなって通りがかりの中年の男性に道を聞いたら、近道を案内してくれた。インドやネパールでも歩いたことのあるような、曲がりくねった細かい道の両側には、イラクの人たちの生活が口を開けて、その歯並びまで見せてくれている。ある口の中には、十人ほどの子供たちがいた。たぶんひとつの家族なのに、髪の色が黒だったり金だったりまちまちで、中東という土地柄をよく表している。ぼくがおかしな恰好をしているのと、フジカシングル8を持っていて撮影していたので、子供たちが群れ集まってきた。夢中で子供たちを撮影しているうちに、小沢さんたちに遅れてしまった。果物の腐った匂い、生活排水の匂い、石が古くなった匂い。男たちが小さなグラスで飲んでいた湯気の出ている紅茶を、ぼくも飲みたかった。そこだけ空がほんの少ししか見えなくなった入りくんだ住宅地で、はじめてぼくの背中にまでイラクがあった。ぼくを取り囲むイラクにはなんの敵意もなく、少し馴れるともうイラクですらなかった。そのまま小沢さんたちからはぐれているのは、日陰のようにひんやりと気持ちのいいことかもしれないと思いはじめた時、いきなり金色の丸屋根を冠したモスクに出た。小沢さんたちがそこに立ってぼくを待っていてくれた。モスクの前の広場には、相当数の警官がいた。「やばいなあ」と小沢さんがつぶやく。ぼくたちのパスポートには入国ビザが押されていないので、なんらかの理由でパスポートの提示をせまられれば、留置場行きの可能性が大きいと言うのだ。この時はじめて気がついたのだが、もしも銀行に両替にいっていたらパスポートを提示しなくてはならなかったのだ。ふり返ってみてちょっとぞっとした。一同緊張の面持ちで広場へと足を踏み出す。こういう時には普通にしているしかない、というのは誰にでもわかっている。警官の注意を引かないようにしながら、ぼくたちはモスクを外から見物したり、銀細工の店をのぞいたりした。

朝食の時、京都から小沢さんたちのツアーに参加していた〝大学教授さん〟が話していたことを思い出した。無謀にもこの人は早朝のモスクに入り、中を写真撮影しようとしたらしい。イスラムの休日の金曜日なので、モスクには大勢の人が集まっていたと言う。〝大学教授さん〟は警官に注意されたのだが、幸いにもフィルムは抜かれなかったそうだ。その話を思い出したので、ぼくたちもモスクの中に入ってみようとした。だけど、一歩入ったところで警官に、「撮影はだめだよ」と注意されてしまった。

神戸の女子大生の出立ちが、ずいぶんとイラクの男たちの目を引いてしまっていた。上は薄いTシャツ、下はぴっちりとしたジーンズで、通りすぎたあとまでも、イラクの男たちの視線はずっとついてくる。彼女もずいぶん神経質になってしまい、「早くホテルに戻りたい」と言い出した。だけど、歩いているうちにホテルからずいぶん遠くまできてしまっていて、タクシーでも捕まえるしかない。体の線が見えないようにすればいいだろうと、イラクの女性が頭から被っているような黒いチャドルを買おうとしたのだが、外国人には売ってくれない。しかたなく道端で売っていたチャドルの端切れのような黒い布を買って腰に巻いていたのだが、イラクの男たちの強い視線は、そんなものでは防げなかったようだ。彼女の後ろのほうから小石が飛んできて、彼女の足元に転がった。誰かが悪意を込めて投げたものなのか、たまたま車のタイヤに弾かれて飛んできたものなのか、それはわからない。だけどこの小石で、彼女は完全にパニック状態に陥ってしまった。

バザールで買ったスイカやウリを、いかにこっそりと部屋まで運ぼうか、とおそるおそるホテルのロビーに足を踏み入れると、大使館からの使いの人がきていた。大野さんという若い人で、ぼくたちの質問にはじめて答えてくれる人だった。中には攻撃的な質問を浴びせる人もいて気の毒だったが、とにかく何ひとつわからない状態でおとなしくしていたので、攻撃的になる気持ちもぼくにはわかった。そして、フランス領事はやってきたのに日本領事はなぜこないのだ、ということになり、小沢さんたち数人が大野さんと大使館へ領事を呼びにいくことになった。

ちょうど夕食の時にやってきた田村領事は、ぼくたちの食事を見て「イラクの食事としてはいいほうですよ」と言った。「こういう国にくると、日本の飽食ぶりがわかるでしょう」と領事はにこやかだ。「でも、昨日の夕食と今日の夕食が同じメニューだというのはひどくないですか」と誰かが言うと、「イラクではこれが普通なんですよ」と領事は言う。不満そうなぼくたちを察して、「でも、これは改善してもらうよう、ホテルとイラク航空には相談します」と言ってくれた。

ぼくたちの宿泊費と食費はイラク航空が持つことになっていた。サービスに、ペプシコーラが一日に一本ついた。イラクのペプシコーラを一列に並べたら、ぎざぎざの棒グラフのようになっただろう。中身が揃っていないのだ。何を表すグラフに似ていただろうか。

有料だったミネラルウォーターとコーヒー、紅茶が、田村領事がきた翌日から無料になった。食事のたびに、フランスの男が「コーヒーが飲みたい」と、わめいていた。食事の時は紅茶しか出ないからだ。インドを旅行していたドイツの女性が、チャイにインスタントコーヒーを入れて飲んでいたのを思い出す。食事は突然ステーキになった。おまけに、日本人の舌にあうソースがかかっている。イラク航空はぼくらの席をファーストクラスにしてくれたらしい。デザート用のテーブルの上には、食べきれないほどの果物とケーキが並べられた。

食事の間、領事が状況の説明をはじめた。フランス人もドイツ人も、ほかのヨーロッパの人たちも耳を傾けた。近くにいた日本人が説明していた。イラクはなぜクウェートを侵攻しなくてはならなかったのか、アメリカが軍事行動を起こしつつあり、日本は経済制裁に同調したことなどをはじめ、事態は悪化しつつあり空港は当分再開されないこと、陸路での脱出は危険だということ、ホテルのイラク人たちも監視しているおそれがあるので注意すること、外出はしないこと、など気の重くなるようなことばかりを聞いた。普段の二倍ぐらい重くなった頭で、ジェフのいない部屋に戻ったぼくは、残っていたウィスキーをストレートで飲んで、大きな音で有山じゅんじを聞きながらさっさと眠ってしまった。こうして、バグダッドの二日目が目を閉じた。

三日目の朝

ホテルのトイレは水洗だったけど、ホースがついていたから、インドのようにお尻は水で洗うのかもしれない、と思ってやってみたけどこれがうまくいかない。馴れているせいか、やっぱり紙でふくのがいい。トイレットペーパーはいくらでももらえるけど、流せばつまるような気がしてしようがない。

三日目の朝が明けた。まだ薄暗いロビーに降りていくと、制服を着た東洋エンジニアリングの人たちが、仕事に出かけていくところだった。同じホテルにいるのに、働いている人たちと、ただ待っている人たちがいるわけだ。ぼくはそのままぶらっと外へ出て、朝の街を散歩した。警官の姿を見かけるたびに、できるだけ近づかないようにしながら。

散歩から戻ると、ジェフがぼくを探していた。日本から電話がかかっているというのだ。ユミからだと思ってレセプションに飛んでいったが、電話はぼくにではなく、マップの小沢さんにだった。ぼくの本名の小野と小沢を間違えたのだろう。

ジェフが憂鬱（ゆううつ）そうに、土手のベンチに座っている。状況が悪化してきて、アメリカ人であるジェフは身の危険を感じはじめていた。アメリカ人はジェフひとりだった。どさくさまぎれに入国させられたので、イラク側はまだアメリカ人がいることをつかんでいなかった。朝食の時に小沢さんが、「ジェフのことを米国人と呼ぶことにしましょう」と提案した。日本人以外の人も、同じように「ベイコクジン」と言ってみていた。また、イラクという呼び名を使うこともやめることにした。

まだ、日本に電話がかけられなかった。日本からはかかってくるのに。小沢さんによると、日本の新聞にはまだバグダッドに足止めになっている旅行者のことは報道されていないと言う。ユミはまだぼくの居場所を知らないだろう。パリに着いたのに電話ひとつくれないと、怒っているに違いない。それとも、大使館から外務省に連絡がいって、外務省がぼくの居場所をユミに伝えてくれているだろうか。頭の中の堂々めぐりがはじまる。ホテルにいた大半の人たちが、自分の頭の中の堂々めぐりにくたびれはじめていたのではないだろうか。空には一機の飛行機も飛んでいない。雲ひとつすらなかった。

昼食のあと、イラク航空のシュクリィさんが現れた。フランス人、ドイツ人、アメリカ人のジェフ、合計十人がメリディアン・ホテルに移ることになったらしい。日本人についても、ファーストクラスのホテルを探しているけど、人数が多いので難しいと言う。メリディアンに移れる人たちは大喜びだ。ジェフもさっきまでの憂鬱はどこへやら、フランス人たちについて、荷物を持ってさっさといってしまった。

大使館からおにぎりのさし入れがあった。大使館員の奥さんたちがにぎってくれたそうだ。部屋におにぎりを置きにいくと、ジェフのあとを追うように、小沢さんとタクシーでメリディアン・ホテルに出かけた。小沢さんは闇両替が目的で、ぼくは冷たいビールが目的だ。この日から、ホテルの門のそばに、パトカーが常駐するようになった。ぼくたちは警官たちに素知らぬ顔で挨拶を送り、タクシーでメリディアン・ホテルへ出かけた。

メリディアンのレストランは、逢い引きの場所になっているようだ。西洋風に着飾ったエリザベス・テーラーのような女性がビールを飲みながら、お金持ちの男性たちと顔を寄せあって、ひそひそと話していた。

ホテルにジェフやフランス人たちの姿はなかった。が、たぶんいい部屋でいい思いをしているに違いない。ビールはやはりうまかった。きっとイラク製のビールなのだ。小沢さんは、落ち着いた様子で両替をすませた。二回目の余裕だ。帰りにまた例の酒屋に寄った。ぼくはグランツ（スコッチ）の大瓶を一本とヨルダン製ビールを数本買った。小沢さんも、彼のツアーの人たちを喜ばそうと、グランツやビールを買った。ぼくたちは大漁船のように、タクシーを走らせた。翌日からは状況がさらに悪化して外出すらできなくなり、町へ出て浮かれるのはそれが最後になってしまうのだが。

夕食後、いろんな人がぼくの部屋に集まってきた。せっかくのお酒を大勢の人と飲みたかった。ずっと緊張していたぶんだけ、酔いが早く回ったのだろうか。ぼくたちは、バグダッドにいることを忘れた。ゲイの男の子のおかしな話に夢中になった。ゲイの雑誌を持ってきていると言うので、ぼくたちが見たいと言うと、彼は自分の部屋まで雑誌を取りにいった。雑誌の半分ぐらいは、文通や交際の相手を探すページだった。あとは漫画や写真が載っている。ぼくには物珍しかったが、ショックを受けたのかひとりの女子大生が泣き出した。それでしらけてしまって、解散となった。誰もいなくなったぼくの部屋は、暗い海の上を漂っているようだ。床の上には、みんなが飲み干した酒瓶や空き缶が転がっている。ぼくは酒瓶や空き缶と一緒に海を漂っていた。砲声が聞こえたような気がして目を閉じた。砲声をもう一度確かめるように、目を閉じたまま、今度は眠りの奥深くへと漂いはじめた。

バグダッド

八月五日、町へ出た時に石を投げられた女子大生がストレス性の胃炎にかかった。旅行者の中に医者がいたので、診察をしてもらう。彼女のボーイフレンドも前日から下痢になり、発熱して寝込んでいた。年配の人たちの中には、不眠を訴える人が出てきた。前夜のぼくたちの大騒ぎは、なんだか申しわけないような気がしてきた。病人が出たというので、大使館からもお医者さんがきた。それほどひどくはないということだ。

その日の午後、病人をホテルに残して、イラク航空が用意した二台のバスで、バビロン観光に出かけた。お弁当は機内食だった。はじめてホテルから外出する人がほとんどで、バスの中は華やいだ雰囲気だ。日本人がほとんどだけど、ベルギー人やスペイン人やオランダ人はまだぼくらとともにいた。少数派の彼らを気にして、友だちになろうとする人もいる。日本人は日本人だけで固まりやすいので、そうならないように気をつけていた。

バスがバグダッドを出るころに、バビロンと空港方面への分岐点があった。イラク航空のシュクリィさんは、「あと何日かすれば、あなたたちはここから空港への道をいけるでしょう」と言った。バビロンまでバスで二時間。バグダッド市内の写真撮影は禁止されていたけど、郊外に出れば自由だった。スイカを積んだトラックがバスの前を走っていた。トラックには大きくＴＯＹＯＴＡの文字。沿道にはやはり兵士が多く、ヒッチハイクをしているのか、銃を握っていないほうの手を挙げてバスを止めようとしている。ぼくたちのバスは乗りあいではないので、兵士たちを無視してどんどんバビロンへ向かう。バグダッドを出ると、あとは見渡す限りの荒野だ。アメリカの中西部とよく似ている。アメリカではそこを砂漠と呼んでいた。イラクでもきっとそう呼ぶのだろう。長い間雨が降らず、干上がって白くなった土地。そこでは、いったいどんな作物が穫れるのだろうか。ホテルの食事に出てくる野菜はトマトとたまねぎばかり、しかもトマトは半分腐りかけていた。

道は広々としていて舗装されている。これくらいなら、たとえ十三時間かかっても、陸路をヨルダン国境までいくのはそんなに苦痛ではないと思えた。バスの中は、冷房がよくきいていた。

運転手がイラクの流行歌のカセットをかけている。テレビから毎日流れるサダム賛歌と聞き分けがつかない。イラクでは西洋の音楽も東洋の音楽も全く聞けない。イラクにはイスラムの文化しかないのだ。外の文化が入ってきていないので、イラクの人たちはサダム・フセインのことしか知らない。沿道にはサダムの肖像画がどこまでもついてくる。このしつこさに、ぼくは少々くたびれてきた。確かにイラクには、インドのように物乞いをする人はいない。家のない人のために、サダムは団地をいくつも建てたそうだ。だがその団地の前には、これでもかというほどの数のサダムの肖像画が並んでいる。サダム・マークの善行が、イラク国民じゃないぼくには押しつけがましく思えた。立ち並ぶ肖像画の列に、早くこの国を出たいと思わずにはいられない。

物凄い音がした。後ろのバスのタイヤが焼けきれて爆発したのだ。そのバスに乗っていた人が前のバスに乗り移ってきたので、まああの快適さは苦痛に早変わりした。でも、そこからバビロンは目と鼻の先だった。美しい貯水池が見えたら、その向こうがバビロンだ。

バビロン、砂を最も美しい形に変えた都。歴史を知らないぼくは、今を眺めることしかできない。昔、冷凍食品の会社でアルバイトをした時、冷凍庫の中には続けて二十分以上いてはいけない、と言われたことがあった。ここバビロンはその逆だ。あまりにも暑いので、二十分以上は外にいられない。

バビロンは再建中らしい。将来、イラク観光の中心になるのだろう。真新しい城壁のほんの下の部分だけが昔のままだという。新しいバビロンの城壁はまばゆく、人は実体のない影のようにもそもそと動く。イラク人のシュクリィさんでさえ、もう観光は切り上げて、レストランに入って食事にしようと言い出した。この暑さ、機内食は大丈夫かしらとちょっと不安になる。日本人はねばり強い。シュクリィさんの悲鳴をよそに、最後まで観光しないと気がすまないようだ。さんざんシュクリィさんを焦らせたあと、ようやく一行はレストランへ。うれしいことにそこではビールを売っていた。干し上がった胃袋に冷たいビールを流し込むと、胃袋は火に触れたようにはね上がる。あまりの急激な変化に、ぼくはしばらく胃袋に恨まれた。案の定、お弁当のおかずは半分ぐらい悪くなりかかっていた。京都の〝大学教授さん〟は、ぼくの隣で平気な顔をして食べていたけど。ぼくはビールをもう一本注文した。

バビロンからの帰り道、バグダッド市内の交差点で、白衣のたくさんの男たちに出くわした。白衣を着た彼らは非常に陽気だ。女たちの姿も目立った。軍隊に志願するために、地方からやってきた人たちだという。閑散としているバグダッドの町で、そこだけが異様に沸き返っている。信号が変わりバスが走り出して、男たちはバスの中のぼくたちに向かって手をふった。男たちはひどく興奮していて、口々に何かを叫んでいた。ぼくは何を叫んでいるのかを知りたくて、バスから降りて群衆の中に混じりたかった。バスは遠ざかり、彼らの姿も見えなくなった。その時、ぼくは別れ別れになっていくふたつの運命を見ていたんだと思う。

バビロンにいった日の深夜、はじめて全員で、どうやって脱出するか、ということを話しあった。大使館からクニエダ公使がやってきて、新たな状況を説明してくれた。空港が正常に再開される見込みはなくなっていた。あとは、臨時便を飛ばすよう、大使館からフセイン大統領に強く要請するか、バスによる脱出しかなさそうだ。もしも一機だけ飛ぶとしたら、とみんなで考えた。ほとんどの人が、「ヨーロッパだったら目的地じゃなくてもどこでもいい。とにかく出たい」と言った。オランダ人は「イラクが一機だけ飛行機を飛ばすことはありえない」とぼくたちの楽観的な見かたを否定した。あるのは空港の正常な再開か、陸路での脱出だと。

いつか助けがくるだろう、とのんきに構えていた漂流者たちが、自分たちの力でなんとかしようとしはじめている。それだけ状況が悪化してきているのを、誰もが実感しはじめているのだ。笑いごとではなくなってきていた。時計はもう二時半をすぎている。公使たちは帰り、ぼくたちの討論も停止しかけていた。昼間バビロンにいったのでみんな疲れていた。「もう、眠たいよ」と、誰かがテーブルをたたいた。朝食の時、短波放送で聞いたことを報告してくれた、例のゲイの若者だった。ぼくもくたびれていた。大きな柱時計を背負っているみたいだ。

そういえば、この日の朝、ホテルの門のところでちょっとしたトラブルがあった。ひとりの日本人が、パトカーの警官と記念撮影をして、お礼に百円玉をさし出したところ、賄賂だと勘違いした警官に逮捕されかかったのだ。ぼくはその場にいなかったのだが、小沢さんに話を聞いたところによると、この時彼を一生懸命救おうとしたのが、ホテルのイラク人たちだったらしい。何日か一緒にいたので、いつの間にか心が通いあっていたのだろうか。警官も、百円というお金が賄賂に相当するような金額のものではないとわかり、彼を放してくれた。日本大使館がスパイだと思えと言ったホテルのイラク人たちと、ぼくたちは友人になっていた。

モンタハは、英語が話せることもあって、たくさんの人が話をしたに違いない。彼女は大学に通っていて、夏休みのアルバイトでホテルにきていた。フセインのことを聞いたら、とても尊敬しているらしい。だからクウェート侵攻にも肯定的だった。「フセインがクウェートのためにした正しいこと」なのだそうだ。一九八五年に、タイにいった時のことを思い出した。チェンマイの映画館でのコンサートの途中に、いきなり国王賛歌が鳴り響いた。同時に会場にいた人たち全員が起立した。ちょうどカラワン楽団が演奏している最中だったステージの後ろのスクリーンに、国王と王妃のフィルムが映し出された。ステージの上の誰もがシルエットになって静止したままだった。日本人であるぼくも、思わず起立してしまったのだ。その時、ひとりだけしゃがみ込んだままでいた詩人のポチャナがこう言った。「別に立たなくたっていいんだよ。みんなが立つのは、立たないと村八分になるからだ。だって、国王はタイ国民の九十五パーセント以上の人々に尊敬されているのだからね」カラワンの演奏はまだ途中だったけど、コンサートはそれで終わりだった。起立した聴衆はそのまま出口へと流れていった。映画館が、映画の上映の前には必ずこの国王賛歌を流すのだ。映画を見る前に、みんな一度は起立する。コンサートの途中に国王賛歌が流れたのは、コンサートが予定の時間までに終わらなかったからなのだ。次の映画の上映時間になっていたのだ。たぶん、イラクの人たちのほとんどが、タイの人たちのように、フセイン大統領を尊敬しているのだろう。

一度モンタハに聞かれたことがある。日本人の誰かにジーパンを売ったのだと言う。一ドルが何ディナールかもわからないまま売ったのだけど、私は得したのだろうか、それとも損したのだろうか、と聞かれた。イラクでは、一ドルが三ディナールだったり三分の一ディナールだったりする。政府の公定歩合では三ドルが一ディナールなのだが、闇だと五ディナールが一ドルのこともあるらしい。だからモンタハが得したのか損をしたのかはうまく説明できなかった。それよりも、モンタハがジーパンを持っていることのほうが興味があった。結局はそれを履く機会がないので売ってしまったのだ。

イラクでは、女性は体を布で隠している。足下まである長い服を着ている。そうはしていない女性もいるが、黒いチャドルで顔を隠している女性が目立つ。そんなチャドルで顔を隠した女性を何人も連れてホテルのロビーを闊歩している男がいた。みんな彼の奥さんなのだそうだ。年上の女性はちょうど男と同じぐらいなのだが、若い女性は娘だと言ってもおかしくはない。本当にぼくはそう思っていたのだから。彼らはぼくと同じフロアのスウィートを借りていた。仕事が暇な時、モンタハたちがお喋りをするのに使っていた部屋だ。

ある朝、ベッド・メイキングにきたモンタハを見ながら、歌を作ってみようかな、と思い立った。考えてみたら、バグダッドにいる間ほど、時間があり余っている時はなかった。チグリス川の流れのように、ぼくの部屋には悠久の時が流れていた。

ラズガルという男がいた。いわゆる牛乳瓶の底のような眼鏡をかけていた。秀才だそうで、ホテルのレストランのマネージャーを任されていた。大学では宇宙物理学の勉強をしていると聞いた。やはり夏休みだけアルバイトでホテルにきていたのだ。ラズガルがどれだけ頭がいいかは、いろんな人たちに聞かされた。日本語をすぐに覚えてしまう。複雑な計算を解くのがすごく速い。そのくせ、トランプの神経衰弱をするとズルをするそうだ。伏せてあるカードを開けてしまうらしい。暇な時は、よくテーブルでナプキンを折っていた。テーブルにナプキンを置くのは、彼のアイデアなのだという。

ラズガルはクルド人なのだそうだ。するとフセインのことは憎んでいるに違いないと思うのだが、聞くチャンスはなかった。フセインはクルド人に対して、化学兵器を使った。クルド人というと、『路』という映画を思い出す。クルド人はトルコからもイラクからも抹殺されようとしている。だから銃を持ってどちらの国とも戦っている。古い歴史を持つ民族なのだそうだが、一度も国を持ったことがない。クルド人というと思い浮かべる表情の厳しさは、ラズガルにはない。誰かが持っていた線香花火を、チグリス川のほとりでした夜、ラズガルは日本人の女の子たちと夢中で記念撮影していた。イラクの男たちは酒も飲んでいないのに、たわいもないことにやたらハッスルする。

ぼくにとってのラズガルは、ひとつの小さなコーヒーカップだ。イラクに別れを告げる時、ぼくはコーヒーカップを鞄に入れて持ち出した。ラズガルのいたレストランの小さなコーヒーカップは、ぼくとずっとヨーロッパを旅行することになる。

＊

毎日毎日、空を横切るのは太陽だけだった。機影どころか、空には白い雲すら発生しない。一度だけ、エールフランスの貨物機が空を飛んだ。ずっとバグダッド空港に留め置きだったのが、やっと離陸許可が下りたのだった。その時ちょうどロビーの奥のほうにいた小沢さんが、「飛行機だ」と言う誰かの声を聞くやいなや、外へかけ出していって空を見上げていた。小沢さんの脱出への熱意に、ぼくは感心してしまう。

バグダッドに着いて五日目ともなると、もうほとんどやることもなくなっていた。中には度胸試しに町へ出かける人もいた。それにしたって、やることがなくなってしまったあとの退屈まぎれという感じだった。小沢さんが、ひとりひとりの点呼を取って歩いている。大使館から電話があって、ホテルから外出した人がひとり連行されたかもしれない、と言うのだ。全員がロビーに集められたが、いなくなっている人はひとりもいなかった。情報はどうやら間違いだった。

日本大使館は、イラク航空とイラク政府に、特別機を出すようにかけあっているらしかった。ロンドンまで飛べるかもしれない、という噂が伝わってきた。ロンドンにはたくさんのイラク人が残っていて、ぼくたちをロンドンまで運んだ帰りに、彼らを連れ帰りたいらしいのだ。だが、情報はころころかわった。現実はホテルの中にあって、がんとして動き出そうとはしない。

伝わってくるのは悪いニュースばかりで、ホテルの中の緊張もじわじわと高まってきた。誰かが流した情報が、その何倍にもなって本人のところに帰っていくという感じだ。デマがもっともらしく流布(るふ)されやすい状況になっている。それもこれも、先の見通しが全く立たないからだ。

シュクリィさんに、脱出の可能性を問いつめてみた。シュクリィさんは、「現実的なのは陸路での脱出です」と言っていた。ヨルダン国境までは、バスで十三時間かかるそうだ。高温と治安の悪さで、少々危険ではあるけれど、ということだ。バビロンからの帰りのバスの中で、「次はディスコにいきましょう」と、シュクリィさんが言っていた。半日の遠出のせいか、ずいぶん寛いだ様子で。ディスコはちょっと値段が高いので半額負担してほしいと言う。参加者が少なくて中止になったが、ほんの少し残念だった。

ホテルにジープとバイクでイタリア人四人が到着した。イタリアから陸路でバグダッドまでやってきたのだ。ホテルで毎日悶々(もんもん)としていたぼくらには、男女四人の彼らの姿はとてもたくましく映った。彼らは空港の再開なんて待っていなくていいのだ。自分たちのジープとバイクで、一泊したら明日にでも出発してしまうだろう。

スペイン人数人のグループが、陸路を自力で国境に向かったというニュースが入ってきた。小沢さんがホテルにいたスペイン人に尋ねると、そのニュースは本当だった。待っていてもらちがあかなくなって、行動を起こしはじめている人たちがいる。

一日中ロビーにいると、いろんな噂が耳に飛び込んでくる。奇妙な手紙も飛び込んでくるらしい。ひとりの高校生の男の子が、エジプト人の従業員から手紙を受け取った。深夜十一時にロビーの柱の陰で待っている、と書いてあったらしい。男の子は誘いに乗って十一時にロビーの柱の陰にいってみたが、そこには誰もいなかったという。翌日、あっけらかんとした様子でみんなに話していた。手紙を渡したほうも、そんなことはなかったかのようだ。口髭を生やした端正な顔が、てきぱきと朝食の準備を整えていた。エジプトから働きにきている人たちはみんな若く、とても妻子があるようには思えない。彼らは記念撮影の時、子供のようにはしゃいでいた。誰もがお気に入りの日本の女の子とふたりだけで写真を撮りたがった。チグリス川のほとりは、小学生の修学旅行を迎えたように騒がしかった。

ぼくの部屋は西向きで、窓のすぐ下をチグリス川が流れていた。川の向こう岸はそこだけこんもりとした森になっていて、その向こうに夕日が沈むのがよく見えた。ちょうど日没を見計らって、小沢さんがカメラを持ってやってきた。カメラを構えて待っていてもなかなか沈まなかった夕日が、森の向こうの地平線にふれたとたん、熱いフライパンの上のバターのようにあっという間に溶けて消えてしまう。なごりを惜しむかのような明るさのあと、バグダッドは九時ごろには、完全に暗くなっていた。

ロビーやレストランでは、たいていテレビがついていて、同じような映像を繰り返し流していた。同じ歌が何回も流されるので、つい口ずさんでしまいそうだが、内容はフセインを称えるものらしい。町で見かけた電気屋さんの店頭には、テレビが山のように積み上げられていたけど、とても売れるとは思えない番組の内容だった。

一度だけ、日本のアニメ『アルプスの少女ハイジ』や時代劇をやったことがあった。バグダッドに着いて四日目ぐらいだったと思う。誰もが、事態が好転する兆しではないかと言っていた。はじめて流れた娯楽番組だった。

番組がひと区切りすると、必ず聖地メッカと二本の交わった剣の映像が流れた。二本の剣はイランとイスラエルに先を向けて交わっていた。剣のそばでは聖火が燃えている。市の中心に政府の式典をする広場があって、そこの石の剣だという。テレビをつけると、一日に何十回もこれを見なくてはならない。

イラクの政策について、識者の意見を聞く、という内容の番組もやっていた。言葉はわからないが、どの人も賛成意見を言っているんじゃないか、と思った。

日本に帰ってきてから、日本に住んでいるスーダンの音楽家のハムザ・エル・ディンさんに電車の中でばったり会ったので、イラクに酒屋があった話をした。するとハムザさんが、「イラクは共産国だからね」と教えてくれた。イスラム教のアラブ諸国の中で、酒屋がある国はイラクだけだそうだ。イスラム教徒が酒を飲まないのは、体に悪いからだそうだ。ラジオからロックンロールが流れないのも、やはり体に悪い音楽だからだ。バグダッドにいた時、一度も西洋の音楽を聞くことはなかった。

ヨーロッパ旅行はもう断念しようかしら、と思いはじめている人もいた。ヨーロッパで使うはずだった時間の半分を、すでにバグダッドですごしてしまった人もいる。ぼくはのんびりしたひとり旅なので、別に焦る理由はなかった。ただ、ユミにもマチルダにも連絡が取れないままなのが気がかりだった。

ヨーロッパで必要なお金は、まだほとんど減っていない。時間だけが減っていくのだが、ぼくの場合、減ったぶんだけを旅の終わりにくっつけることができた。ヨーロッパにいる時間がずれただけなのだ。ぼくは日本の日常とヨーロッパの旅のはざまの、まさに何もない砂漠にいた。ぱさぱさに乾いた時間の中で、蜃気楼のように暮らしていた。

日本を出ると、こういうことはどこででも起こりうるのだろう。力と力がぶつかりあっている世界では、こういう空白が必然的に生まれるのだ。大きな石のかたまりを積み上げていっても、空白は埋まらない。力という石のすき間で、ぼくらは毎日空ばかり見上げている。

ぼくの時間はイラクで止まっていた。だが世界の時間は刻々とすぎていく。情勢は狭い入江へと追いやられていく。ものごとを選び直す余裕などどこにもないのだ。選択肢は削り取られていく。最悪の答えの中からひとつだけ選ばなくてはならないように。

イラクがクウェートを侵攻したことだって、きっとこの最悪の答えのひとつだったのだろう。問題はもっと前に出されていて、選択肢は早々に削られていたのだ。イラクはクウェートに石油の価格を上げるように要求していた。そうしないと、イラクの石油が売れなくなるからだ。イラクにとって切実なこの要求のおかげで、イラク自身が孤立への道を歩みはじめることになる。

*

五日目の夜あたりから、ぼくの体力と気力が下降しはじめた。六日目の、八月七日の朝食は、ついにパスしてしまった。起きられなかったのでも下痢をしていたのでもない。ただおっくうだったのだ。

日本から電話での取材が何回かあったようだ。下へ降りていくと、相変わらずの一日がはじまっていた。イラク航空から「バスで出られそうだ」と言ってきているらしい。昨日が巻き戻されてまた今日をやっているような、そんな錯覚を覚えた。

朝食を抜いたので、お昼はたっぷりと食べた。おかずのお替わりを頼むと、顔見知りになったエジプト人が、湯気の立っているのを運んできてくれた。みんなが大広間からレストランに移りペプシコーラを飲んでいる時も、ぼくは大広間に残ってまだ食べていた。小麦粉を焼いたナンは、残るとまた次の食事に出されるらしい。食べ終わって残ったナンは、野球のゲームが終わったあとのグローブやミットのように、ドラム缶の中に集められる。

紅茶のお替わりはいくらでもできるのだが、牛乳は不足しているのか、少ししか出してくれない。水は生水がガラスのポットに入れられてたっぷりと出てくる。はじめのうちはミネラルウォーターが有料だったので、みんなおそるおそるこの水を飲んでいた。従業員は一度ボイルしていると言うのだが、とてもそうは思えない。そのうちミネラル・ウォーターが無料になって、ポットの水には誰も口をつけなくなった。

待ちに待った瞬間がやってきた。誰かが「三十分以内に荷物をまとめてロビーに集合してください」と言いながら大広間に入ってきた。ぼくはまだ食べかけだったけど、すぐに席を立つと部屋に戻った。急にホテルの中ががらーんとして見えてきた。モンタハの妹が部屋を掃除していたので、「モンタハは」と聞いてみたが、どうやら今日は休んでいるらしい。お別れの日だというのに、さよならも言えないわけだ。昨日の午後、頭を押さえてソファに座っていたのを思い出した。かぜでも引いたのだろう。テレビのある部屋からは、例のフセインの歌が大音量で聞こえてきた。ぼくはテープレコーダーで、その音を録音した。

止まってしまっていた時間が、六日前の朝に戻って動き出そうとしている。でも、たぶんその間にも事態はひどく深刻になっていたはずだ。ぼくたちは所詮は通りがかりの者として、この町で出会った人たちに別れを告げて出ていくのだ。

戦争が近づいている。戦争がはじまれば、大学生だって徴兵されるかもしれない。ホテルでナプキンを折っている物理学者は、戦場で銃を持たされるのだ。でもホテルを出発する時は、まだラズガルの柔らかい手と握手をすることができた。イラクに残る人たちは、出ていくぼくたちを喜んで見送ってくれた。沈んでいた雰囲気が元気になって、それに荷物の数も加わって、実際の倍以上の人がロビーにいるような気がした。ぼくたちは元気をけちって取っておいたみたいだ。この元気を毎日発揮していたら、病人は出なかったかもしれない。先のわからない不安が、みんなに元気を使わないようにさせたのだろう。

盗難にあわないように、おそわれないように、軍や警察に密告されないように、いつも用心していたのに、そんなぼくたちをホテルに残る人たちは心から祝福してくれた。やがて二台のバスがやってきたので、ぼくたちはぞろぞろと外へ出ていった。これから空港に向かうのだ。火のような日ざしの中をバスまで歩いた。別に空港が再開されたわけではなく、一機だけ特別に飛ぶのだそうだ。チグリス川の土手を歩いた。ホテルをふり返る。そして待っていたバスに乗り込んだ。荷物があるのでバスの中は窮屈だ。バスが走り出してホテルの門を出る時、誰かが大声を上げた。部屋の鍵を返し忘れたらしい。小沢さんが、「窓から放り投げてください」と叫んだ。いくつもの鍵が窓から放り投げられる。小沢さんも自分の鍵を放り投げた。バスは門を出て、広い道を空港に向かって走りはじめた。門の地面の上に、旅行者たちが放り投げたいくつもの鍵を残して。

空港への道は愉快に飛びはねていた。テープデッキからはイラクの流行歌が大音量で流れている。陽気な運転手は、カリブ海に浮かぶ島を走っているようなのどかな気分にしてくれた。日ざしは若い女性のようにはしゃいでいる。ぼくは歌でも歌いたくなった。風は景色をちぎっては投げ飛ばす。今度こそ、バスはバグダッドを抜けると右に折れて空港への道を突っ走った。数日前、分かれ道でイラク航空のシュクリィさんが言ったことを思い出す。バスはバナナでも運ぶように荒々しくぼくらを乗せて走る。街の雰囲気が薄められていき、透明な空気の中には荒野が浮かび出てくる。バスはそのふたつの風景を熱い幻のようにかけ抜けた。

空港は再開されたわけではないので、がらーんとしている。メリディアン・ホテルにいっていたジェフやフランス人たちと再会する。出国手続きは簡単だったが、手荷物検査に手間取った。ぼくは鞄を隅々まで調べられ、ウォークマンの電池と洗濯物を干すロープを取り上げられた。そばで様子を見守っていた田村領事が、ロープにはさすがに笑っている。「イラクには、そんなものでも不足しているのです。彼らにあげてくれませんか」と言う。ほかにガムテープを取られている人や、充電式の電池を取られた人もいた。電池などは、到着時に返すと言われたけど、混乱していたので戻ってはこなかった。

八月七日午後五時半、飛行機はヨルダンのアンマンに向けて離陸した。離陸した直後、機内で拍手が起こった。それがぼくたちの、がんじがらめの状況からやっと抜け出せたという安堵感と喜びの控え目な表現だった。

ぼくたちの踊る心は空高く舞い上がった。きらめく光の中から見下ろした大地は、見渡す限り砂漠だ。それも砂でできた本物の砂漠だった。この砂の海の中をもしバスでいくとしたら、それは大変な旅になったかもしれない。飛行機の窓からこの砂漠を見下ろすだけですんだのは、やっぱり幸運だった。定期便ではないのに、スチュワーデスは離陸をするとやっぱり非常用設備の説明をはじめたのでおかしかった。こういうことはちゃんとやることになっているのだろう。

無事にアンマンの空港に着いたけど、ぼくたちはまだ砂漠の中にいた。飛行機で一時間半近く飛んだけど砂漠から出ることはできない。砂漠の中の首都を見たかったたけど、見えるのは周囲ぐるりと地平線まで砂の海だ。でもそこに戦争の匂いはなく、建物も新しく美しかった。

ロビーで出発を待つぼくたち一行は、まるで避難民のようだ。みんな手に手に一リットル入りの飲みかけのミネラルウォーターを持っている。一時間もしたらウィーンに飛び立つことになっていた。日本に電話する時間はなさそうだ。両替所も電話ができる事務所も人でいっぱいだった。ビールを飲もうと思ったけど、缶ビールが一本六百円ぐらいはする。ヨルダンの三平領事がきて、ぼくらの名簿を作った。日本に連絡してくれると言う。出発時刻になって、カイロからＮＨＫが飛んできた。早くバスに乗れと促されているぼくらを引き止め、取材しようとする。若者たちをつかまえて、バグダッド市内の様子を聞いていた。

バスは待機するイラク機に近づいただけで、またすぐ空港の建物に向かって引き返しはじめた。小沢さんが代表でイラク航空の人に尋ねると、オーストリアがイラク航空機の受け入れを拒否したのだと言う。ウィーンに飛ぶことはできなくなった。それどころか、ヨーロッパのほとんどの国が、経済制裁の一環でイラク航空の受け入れを拒否しているらしい。八月七日、ぼくらはウィーンに飛ぶことができなくなって、アンマンに泊まることになった。さっそく入国手続きがはじまった。入国カードに見馴れない欄がある。奥さんの数を書く欄だった。このあたりでは、何人かの奥さんを持ってもいいことになっているのだ。バグダッドのホテルで会った家族を思い出した。数人の奥さんと子供たちを連れて旅行していた。奥さんをたくさんもらうには、それだけの経済力がいる。たとえば旅行をする時にも、全員を連れていかなくてはならないからだ。逆に言うと、奥さんの数は、その人の経済力を表していることになるのだろう。

　空港のすぐ近くの、りっぱなホテルに泊まることになった。バグダッドのカディミヤ・ホテルとはかなりの違いだ。あたりには町がなく、ホテルだけがぽつんと建っている。それを夜空がまるくくるみ込んでいた。こうこうとあかりの点ったホテルの中は、人でごった返している。イラク航空の混乱で、ヨルダンで足止めをくっているヨーロッパの人たちだった。またジェフと同じ部屋になった。今度はぴかぴかのツイン・ルームだ。大きなバスルームとテレビとテーブルとソファがある。アメリカのテレビ局がきているらしい。ジェフはあとでインタビューを受けると言う。インタビューをする人はアメリカの有名なニュースキャスターだそうだ。興奮したジェフは、ウィスキーをひとりでちびちびとやっているぼくを残して、ロビーにかけ出していった。クウェートからイラクにアメリカ人が移されたらしい。軍事施設などで、すでに人質のような扱いを受けているという。バグダッドで何が起こっているのか、世界中のマスコミが知りたがっていた。

ウィーンにいきそこねて、空港近くのアーリア・ホテルに泊まることになったぼくらが、クウェート侵攻後のイラクから出てきた最初のグループなのだという。そのせいか、ホテルでは各国のマスコミが待ちかまえていて、ぼくをいやな気持ちにさせた。レセプションのところで日本に電話しようかと思って立っていると、さっきの空港で追いかけてきたNHKの人が、「何か映像を持っていないか」と声をかけてきた。ぼくが8ミリフィルムを撮ったことを話すと、「それをしばらく貸してくれないか」と言う。ぼくは断ったのだが、別の学生からビデオテープを借りていた。ニューズウィークの女性記者は夜中にホテルの部屋をノックして歩き、写真やビデオを持っていないか、と探し回っていた。オーストラリア人のクリスから、彼女の撮ったビデオテープを五〇〇ドルで買い上げていた。なぜマスコミがこんなことをするかというと、八月二日以降のイラクの映像が、世界中にひとつもないからなのだという。侵攻と同時に空港と国境を閉鎖したフセインのやりかたが、イラクにとって功を奏しているらしい。

レストランで、学生たちとビールを飲んでいると、アメリカのテレビ局のカメラがぼくらを写していった。その時のぼくの姿が、日本のテレビのニュースで何度も流された。ぼくは赤いシャツを着て、ビールを片手に少しむっとしていた。名古屋の友人が、テレビを見てユミに知らせてくれたそうだ。ユミはそれをビデオに録画しておいてくれた。

ロビーのあちこちで、知った顔がマスコミに質問されている。ソファに腰かけているぼくの前では、フランスのテレビ局が解説をしていた。ぼくは後ろのほうで、テレビカメラに向かって手をふってみたのだが、フランスのマチルダがそれを見たとは言っていなかった。

一回線しかない国際電話は長蛇の列だった。誰もが八月二日以来はじめて話をするのだからあたり前だ。なのにニューズウィークやＮＨＫの記者がそれを横取りしてしまうのだ。彼らはわり込んできて「仕事だから」と言って、一回線しかない電話をわがもの顔に使う。ずっと待っていて、ぼくが東京のユミに電話がかけられたのは、午前三時ごろだった。久しぶりにユミの声を聞いた。枕元で聞く声によく似ていた。まるっこい点みたいな声だ。そんな頼りない声でよく海を越えて話ができると思う。ずっと心配していたと言われた。旅行会社からも外務省からもなんの連絡もなかったと言う。ただ、ミディレコードの大蔵さんが「きっとバグダッドだよ」と言っていたらしい。マチルダとも電話で話したと言う。とにかく話ができた。奇妙な具合だけど、アンマンと東京とは一本の線で確かに結ばれていた。ユミのほうからかけ直してもらい、何か話したのだが、内容は忘れてしまった。

＊

朝九時ごろ、部屋にユミからもう一度電話がかかった。ジェフが電話に出たので、ユミはびっくりしている。これから名古屋にライブを見にいくと言っていた。なんだか日常に戻ったみたいだ。朝食を摂りにレストランにいった。これからどうなるかは、まだ決まっていなかった。外の景色が見たくなったので、ホテルのまわりを歩いてみた。といっても、見渡す限りの砂漠では、ホテルから離れてどこかへいってみたいという気は起こってこない。伊藤忠の人が、「困ったことがあったら力になりたい」と言ってきたので、ぼくは小沢さんを紹介した。伊藤忠の人は、ぼくたちがヨルダンを出国したことを、東京の小沢さんの会社に連絡してくれた。

ジェフはフランス人やドイツ人たちと一緒に空港へ向かった。日本人には、どうしろという指示も出ていない。荷物を持ってロビーに集合していたが、そのうちとにかく空港までいってみようということになった。空港で再びジェフたちに会った。

いったい誰がどのように行き先をふり分けて乗る便を決めたのだろう。空港は大変な混雑だった。だが、三平領事がついていてくれたおかげで混乱せずにすんだ。パリにいきたいぼくは、ジュネーヴ行きのイラク航空機に乗ることになった。イラク航空機に乗ると、またバグダッドに連れ戻される可能性があるから嫌だ、と言う人たちがいた。三平領事は、「おそらくだいじょうぶでしょう」と、この人たちを説得する。ひとりだけカイロへいく人がいた。カイロ行きは出発時間が迫っている。ぼくたちにさよならを言うと、搭乗口にかけていった。この時も三平領事はつき添っていって、乗るのを見届けたらしい。

午後になって、イラク航空機はジュネーヴに向けて飛び立った。日本人四四人だけが乗っている。スチュワーデスは、やはり非常用設備の説明をした。窓の外に白い雲が現れる。一週間ぶりに見る白い雲だ。この白い雲が、ぼくに旅の再開を約束していた。雲はどんどんふえていく。やがて飛行機の下がまだらに白い雲で埋まったころ、ぼくらの乗った飛行機は砂漠に別れを告げてエーゲ海へと抜けた。飛行機はイラクへは戻らずに、確かにジュネーヴに向かって飛んでいるようだ。ヨーロッパでただひとつ、イラク航空機の乗り入れを引き受けてくれた永世中立国スイスのジュネーヴに向けて。

『The Man In Me――ぼくのなかのディラン』(1992年) より

ライク・ア・ローリング・ストーン　Like A Rolling Stone

まだ日本に野外のロック・フェスティバルなんてなかったころ、三鷹の深大寺でフリー・コンサートが開かれた。行ってみるとそこは、林にかこまれた原っぱで、屋根のないステージでは有名になる前のガロが、「アリスのレストラン」を歌っていた。他にもジョー山中が出ていたような気がする。会場のあっちこっちにはテントが立っていて、そのあいだをうろうろするうちに雨が降ってきた。木々の緑を背景に、雨に濡れたテントは黒々といかにも寒そうに立っていた。ぼくはギターを持っていたのだろうか。誰かに「テントに入らないか」と声をかけられた。そこで「ライク・ア・ローリング・ストーン」を歌ったのだ。相手の男は自分のギターで、やはりディランの「ダウン・ザ・ハイウェイ」を歌った。ギターがうまかったのでびっくりしてしまった。声もしわがれていてディランそっくりだった。ぼくは自分以外でディランを歌う男に初めて会った。ぼくがいた名古屋では、ディランを歌う人などいなかったのだ。髪を長くのばして髭を生やしたその男がシバだった。

現在は三橋乙揶という名前で漫画雑誌の「ガロ」などに漫画を描いているが、それまではだいたいシバで通っていた。音楽の世界ではブルース・マンとして知られていて、ブルースやカントリーといったアメリカの土臭い音楽を彼のように自分のものにしている人をぼくは他に知らない。彼と知り合うことによって、音楽だけにとどまらず、ぼくの世界はずいぶん広がったと思っている。ぼくと深大寺で会った年の夏、中津川のフォーク・ジャンボリーで歌い、シバのことはそのころぼくが住んでいた大阪でも話題になっていた。ディランの歌をジョーン・バエズやピーター・ポール＆マリーのように歌う人はたくさんいた。でも、ディランの歌をディランのように歌う人はいなかった。シバと会うことによって、ぼくと同じような人が他にもいることを知ったのだ。「ライク・ア・ローリング・ストーン」は世界中で大ヒットした。アメリカで一位になったので、世界中をみわたせば、聞いた人は数えきれないぐらいだろう。そして誰もがその瞬間の感じを、自分だけのものとして思うのだ。大ヒットするということは、こういった側面がある。

ぼくは十二歳から十九歳までを名古屋ですごした。家から学校までの距離は遠く、おかげで行き帰りに自分の将来を探すこともできた。バスで通っていたのだが、あるとき窓からボクシング・ジムが見えた。翌日、途中でバスを降りてそこに行ってみたのだ。行ってみてはじめて、ぼくには自分がボクシング・ジムに通うことなど想像できないことを発見するのだ。名古屋の中心をはさんで、北と南に家と学校が離れていたので、行き帰りのあいだには、ありとあらゆるものがあったのだ。その中を古本屋をめぐるように出たり入ったりしながら、自分の将来を探し歩いていた。

名古屋の人は名古屋のことを、文化不毛の地と呼んでいた。新しいことを始めても何も育たないからだ。どんなに激しく降った雨も、翌日には嘘のようにあがってしまう。名古屋という地表には、いつも水蒸気が薄くたれこめているのだが、それ以上濃くも薄くもならない。名古屋は不毛なのではなく、変わらないのだ。変わらないところが名古屋のいいところだとぼくはこのごろ思う。でも十代のぼくにはそんな名古屋が、ただただ、だだっ広い場所に見えた。何かがあるとしても、それは遠くに霞んでいてよく見えなかった。「ライク・ア・ローリング・ストーン」の耳で感じる景色は、ぼくの十代の日々によく似ていた。

十代だけではなく、子供のころからぼくはたいてい、だだっ広い景色の中にいた。家のまわりには川やりんご園や田んぼや山や発電所があった。高い建物がなかったから、空もどこまでも広かった。農村に暮らしていたわけではない。たいてい県庁所在地の外れのほうにいたのだ。引っ越して簡単に住める場所はそんなところだったのだろう。ぼくの家は、引っ越しが多かった。都会にいたのに、ぼくはいつも何もない空間を見ていた。何もない空間は、自分の耳もとからすぐに、何もない空へと続いていた。十代のある日、そんなぼくの耳もとに聞こえてきたのが、「ライク・ア・ローリング・ストーン」だった。

「ライク・ア・ローリング・ストーン」の抑揚のない旋律は、そのままアメリカの地平線へと続いている。「ライク・ア・ローリング・ストーン」にはアメリカの大地がある。その抑揚のない旋律を追いかけて、ぼくもアメリカへ行ったことがある。そこを何日もかけてバスで旅をするぼくがいた。ゆっくりゆっくりと走るグレイハウンド・バスは、「ライク・ア・ローリング・ストーン」という大地を単調に移動していくひとつの音だった。サンフランシスコの空港に友だちと行ったことがある。飛行場の近くの倉庫のそばに車を停めてぼくはその中に入ってみた。そこはがらーんとした、ただの空間だったのだが、どこかにスピーカーがあるらしく、「ライク・ア・ローリング・ストーン」が流れていたのだ。アメリカの大地はこの倉庫の空間によく似ていた。「ライク・ア・ローリング・ストーン」の流れ方がそっくりだったのだ。ぼくは倉庫の中を風のように吹く「ライク・ア・ローリング・ストーン」の行方を、グレイハウンド・バスの窓からも眺めていたのだ。

『夕日と拳銃』という中国を舞台にした日本人による西部劇のようなテレビドラマが

あった。子供のころだったから、もうあまり覚えていないが。舞台になっていた草原のだだっ広いイメージだけが残っている。ぼくはだだっ広い場所に、郷愁のようなものを感じる。ストーリーはどうであれ、そういった場所に住む人がいるということを、初めて知ったのだ。『グレート・ウォール』という映画を見たときも、同じ郷愁のようなものを感じた。映画館をでると、懐かしさのようなものにすっかり酔っていたのは、なぜなのだろう。映画の中に出てきた万里の長城や中国の家の中の様子に、なじみなんかなかったはずなのに。記憶の中には閉まったままのドアがいくつかあって、そのひとつがなにかの拍子に開いたみたいなのだ。時間の隔たりなどものともしないものが、兄弟のように存在している。馬頭琴を聞いたときも、記憶のドアがずるずると開いた。ソンドイさんという人のホーミーのコンサートのときだった。馬の頭の飾りのついた楽器が奏でる音に、ぼくはすぐにでもモンゴルの草原に立てそうな気がする。空に覆われた薄暗いアメリカの大地を、ゆっくりと走る一台のグレイハウンド・バスは、モンゴルの草原で草を食む一頭の白い馬だ。

「ライク・ア・ローリング・ストーン」のエレキ・ギターの音色は、いつのまにか弓で弾く馬頭琴の音色になっている。ぼくはそれなりに旅をしたんだと思う。行く先々の町で、何度も暮らしてみたいと思いながら。子供のころぼくが見て育った景色と、ボブ・ディランの歌の中の景色がつながって、ぼくに今こんなことを感じさせる。旅をするうちに、この歌の様子がだんだんわかってきた。ぼくは四番のこんなところが好きだ。

高嶺の花のお姫様たち／贈り物にもお金をかける／でも君は盗むしかない／ダイヤの指輪を質屋でお金に換えよう／それで楽しみをつかもう

「ディランの歌はなぜ古くならないのだろう」と、誰かに聞かれたことがある。ディランの歌は独立心が旺盛である。ぼくが急に自立したくなったのは、きっとそのせいだろう。どんな時代からも独立しているから、時代は古くなるけど歌は古くならない。それは聴く人がぼくじゃなくても同じように感じると思う。

悲しみは果てしなく It Takes A Lot To Laugh, It Takes A Train To City

昔、東京発敦賀行きの夜行列車があって、「東京発パリ行き」とも言われていたらしい。第二次世界大戦より前の話だという。敦賀で時計屋さんをやっているぼくの知り合いのひとが言っていた。車両にパリ行きという表示があったかどうかはわからないが、国際列車の風格のようなものはあっただろう。どうやってパリまで行けたかというと、まずは敦賀でウラジオストク行きの船に乗り換えて、ウラジオストクからはシベリア鉄道で十日かかってモスクワまで行き、あとはパリまで一日ぐらいで着いてしまう。敦賀からウラジオストクまでどのぐらいかかったかわからないが、全体でおよそ二週間の旅だったのではないだろうか。第二次世界大戦前は、日本からの外国航路がいろいろあったようだ。金子光晴もフランスのマルセイユまで、途中シンガポールやインドネシアに寄り道しながら長い時間かけて船で行った。日本がアジアのいろんな国々を自分のものにしようとしていた時期だ。寄り道した先々に日本人がいて、よその国の資源を横取りする仕事に従事していた。そんな外国にいる日本人とのパイプとして、外国航路が発達していたのではないだろうか。戦後になって大規模な外国航路がなくなったのは、飛行機が便利になったからばかりではないように思える。

モスクワから逆に、シベリア鉄道とウラジオストクからの船を使って日本に来たアメリカ人がいる。ラングストン・ヒューズという黒人の詩人だ。彼はモスクワでさんざん苦労して出国許可証を手に入れ、横浜からアメリカに帰るつもりで日本に寄った。本当はモスクワからまず北京に着いて、中国を旅行したあと日本に来たかったようだが、満州を占領した日本人が鉄道を妨害していて北京には行けないので、ウラジオストクからのルートをとったらしい。「ラングストン・ヒューズは敦賀で一泊しているのですよ」とぼくの知り合いのひとは言っていた。「格式の高い古い旅館だったらしいけど、空襲で敦賀は全焼してしまったので、残念ながらその旅館を見に行くことはできませんが」と焼失する前の敦賀の地図を出してきてぼくに見せてくれた。

ラングストン・ヒューズが泊まったという旅館のことは、自伝三部作の三巻目『終わりのない世界』（木島始訳、河出書房新社）に出てくる。彼はその旅館を「ある魅力的な宿」と書いている。外国人客のためにベッドのある洋間も備えていたらしい。お風呂からあがると女中さんが大きなタオルで体を拭いてくれたという。こんなことは今では考えられない。少しおどろくと同時にのどかでもあると思う。お風呂からあがってくつろいでいると、さっそく警察がやって来て、ロシアに行っていた理由や日本に来た目的などを聞かれた。ラングストン・ヒューズは敦賀だけではなく、その後行った上海や、上海からアメリカに帰る途中入港した神戸と横浜でも、繰り返し日本の警察に尋問されている。横浜に入港したときには、まる一日東京の警視庁で取り調べを受け、あげくのはてに即刻国外退去を命じられている。はじめから留まるつもりなどなく、船が出航するまでのほんの三日ばかりの滞在だったのに。警視庁での尋問の様子はかなり奇妙である。警察は謎のようなことばかりを言って、ラングストン・ヒューズを困らせている。「あなたはいつでも帰れますけど」と言いながら、同じような質問を延々と繰り返している。そして「アメリカ領事を呼びたい」と言っても「これは拘引ではない」と言ってうけあおうとしない。ロシアや中国や日本での人との接触を事細かに調べることに費やす労力は、得体が知れなくて不気味である。背中を曲げたおじいさんの意味不明の呪文のようで、「日本は最強、日本は最強」と、か細い声で念仏のように聞こえてきそうだ。無駄なことにほんとうに大きな労力を使っていたんだなと、今だからそう思える。ラングストン・ヒューズは途中立ち寄ったホノルルで記者会見をして、「日本はファシストの国」だと言っている。

そのころの敦賀は国際都市だったらしい。だから東京などの大都市と同じように爆撃を受けて街は全焼してしまった。今はソ連の船がときどき訪れるだけの、静かな街である。街を十文字にだだっ広い道が走っているが、昼間でも歩いているひとは少ない。将来のことを考えて広い道を作ったらしいが、かえって閑散として見せている。ひなびていて、自分の足音がそばを通る透明な散歩者のもののように聞こえる。カメラを持ってふらふらしていたら、ロシア語で書かれた看板を見つけた。子供服の店だった。だが上陸したソ連の船乗りたちは、ほとんど敦賀では買い物をしていかないという。ぼくの知り合いの時計屋さんにも来るらしいが、買ったひとはひとりもいないらしい。彼は、敦賀の七不思議と言われているそうだ。時計屋さんだけで家族が暮らして行くのは、いまどきほとんど不可能なことなのだという。ところが彼は時計屋だけで家族を養っている。時計などほとんど売れないという。ただごろっとして本を読んだりしているらしい。それでちゃんと生活できているから、七不思議と言われている。子供たちが学校へ行ってしまった午後、夫婦二人だけ家にいて本を読んだりしてすごす様子は、想像してみても微笑ましい。知らないうちにいつのまにか時を刻んでいる時計の長針と短針のようだ。敦賀は原子力発電所が多いので、このぼくの知り合いの家には放射能探知器が本箱に付けてある。その数値はころころと変わるのだが、だいたい20から35ぐらいのあいだを行ったり来たりしている。これが60を越えたりすると、異常なのだという。この時計屋さん夫婦は子供の本が好きで、子供ができるよりも前から買い集めていた絵本や童話が、本棚にはぎっしりとつまっている。たぶん普通の本屋さんにある子供の本の量よりも多いだろう。その真ん中にでーんと取り付けられた探知機は、ぼくが見たとき35を表示していた。

昔、「東京発パリ行き」があったころ、日本は大陸と陸続きだと思っていただろう。日暮れに東京駅をおもむろに出ていく「パリ行き」を想像してみる。この列車に乗ったひとたちは二週間後パリに着くんだということが、飛行機よりもかえって実感できるのではないだろうか。一度行ったことのある場所なら、飛行機の行き先を思うことで想像できるけど、まったく知らない場所だと陸続きだということが手掛かりだ。自分のいる街との直接のつながりが、もうひとつの場所の存在をリアルにする。途中のシベリアの景色を想像してみる。タイガと呼ばれている針葉樹林帯を抜けて行くんだろうか。それともツンドラのどこまでも果てしない氷の平原を行くんだろうか。いったいいくつの駅に止まり、どんなひとたちに会うのだろうか。新幹線と飛行機の発達した現在でも、東京から毎日三十本ちかい夜行列車が北や南に向かって出ている。どの列車もいつも満員の状態で走っているらしい。ときたま急に乗りたくなってみどりの窓口に行ってみても、今ごろ来てもだめですよ、という顔をされる。そのたびにぼくは、何週間も前から列車の寝台を占領して、出発を待っている股引きをはいたひとたちを思い浮かべてしまう。夜行列車が出ているおかげで、ぼくは遠くにある街のことを改めて意識することができる。だから別にわざわざ乗らなくてもいいのかもしれないとあきらめる。でもときどきは、動く列車の上で、布団にくるまってみたくなる。

動く列車の上での眠りは、ぼくの子供のころのいちばん最初の記憶でもある。六歳のころの東京から札幌までの長い汽車の旅は、こうして文章を書いている今も続いているような気がする。父の転勤がなかったら、ぼくは東京しか知らなかっただろう。ぼくはあの列車からまだ一度も降りたことがないのかもしれない。夜行列車の振動を背中にしょって、誰かのことを思う。街というのはひとでもあったのだ。

ボブ・ディランは「悲しみは果てしなく」で、汽車のことを無邪気に歌っている。

月がとってもいかしてる／木立から光が射している／ブレーキマンはとってもいかしてる／旗をふって列車を止めている／太陽はとってもいかしてる／海の向こうに沈んで行く／あの娘はとってもいかしてる／ぼくのあとからついて来る

この歌の詩を読むたびに、ぼくはディランの言葉の無垢にこころ打たれる。この無垢の前には、行く手をはばむどんなものも道を開けるだろう。大勢のひとが耳を傾けて、ディランの言葉はますます無垢になっていった。それが世界に立ち向かったディランの姿だった。そしてぼくは自分の言葉を、もういちど無邪気にとらえなおしてみるのだ。

パリ行きの列車はいかしてる／日暮れに東京駅を発車する／シベリア鉄道はいかしてる／パリと東京を連結している

東京駅の片隅に、もしかしたら古い時刻表が残っていて、パリ行きの列車が見つかるかもしれない。鹿児島行きや長崎行きに混じって。

見はり塔からずっと All Along The Watchtower

釧路湿原にある岩保木水門は大きい。でも、釧路湿原のどこにいても見えるというわけじゃない。釧路湿原はそれほど大きい。少しはなれると、双眼鏡を目にあてても、どれが水門なのか見つけるのはむずかしい。そのかわり、釧路市のはずれにある製紙工場の白い煙は、どこからでも見える。製紙工場の煙が大変臭いということは、四国の高松から松山へ車で行く時にはじめて知った。製紙工場のあの匂いは公害だと思う。紙には匂いがないので、頭の中を重たく踏んづけられたようなあの匂いをかいだ時は、すぐ目の前に製紙工場の煙突からもくもくと上がる白い煙を見ても、その煙の匂いだとはわからなかった。釧路市のはずれにある製紙工場の煙は、釧路湿原のどこにいても見える。そして、すぐ近くに行った時の匂いまで想像してしまう。

釧路湿原の岩保木水門のところから、地平線に沈む夕日を何度か眺めたことがある。その時も、必ず目にはいるのがこの白い煙だ。雨の日で、夕日が沈むところが見れなくても、煙だけは見えるのだからなおくやしい。岩保木水門の前を、釧路川が流れている。水門だから、川のそばに立っているのはあたりまえだけど。この川の中にぼくの友だちが車のキーを落として、大騒ぎしたことがある。友だちは、ぼくらをもう一台の車でドライブに行かせておいて、そのあいだにすっ裸になって川に入り、足でさぐりながらキーを探したらしい。雪はまだ降ってはいなかったが、裸で川に入るのにはかなりの勇気がいる十一月のことだ。ぼくたちは釧路湿原の広々とした眺めをたんのうしてドライブから戻ると、車の中でありったけの衣類にくるまって、がたがたとふるえている友だちを見つけた。あまりふるえが激しいものだから、ぼくは友だちが壊れてしまうんじゃないかと思った。やっと話せる状態に戻ったので聞いてみると、釧路川は意外に深く、しかも底の方では流れが速いのでキーは見つからなかったということだ。彼のポケットから落ちた車のキーは、彼を十一月の釧路川の中に誘った。彼はそれを断ることができなかった。十一月の川の中での落としたキーとの、裸の待ちあわせは成功しなかったが。

釧路川のほとりに立つ岩保木水門は、ずっと仕事をしてきて、今は引退したんだという雰囲気だけど、本当はまだ一度も水門としての仕事はしたことがないのだそうだ。何度か試しに水門が開けられたことがあるだけだという。水門が建てられたのは昭和六年、一九三一年で、それから六十年の間、仕事が始まるのをずっと待っていた。だが、人間の方ではもう使うのはやめてしまって、すぐ隣にコンクリートの新しい水門を作ってしまった。なぜ使われなかったのか、ぼくにはわからない。とにかく、古い水門は永久に仕事をしなくてもよくなった。

岩保木水門を見た時から、ぼくは水門を、「見る」ということと結びつけて思うようになった。古い水門は、見るということにとてもぴったりとしていたからだと思う。忘れられた時代の海の中から、クレーンで引き上げられた沈没船のような水門。その姿は、眠っていた「見る装置」を目覚めさせた。ぼくの中の「見る装置」はカチカチと音をさせて動きはじめ、地平線や夕日を追いかけた。子供がたれた釣り糸の見えない先のことを思い浮かべた。見るということは立っているということで、水門は六十年間ずっと見ていたんだと思った。水門のそばに立って見る夕日が懐かしいのは、六十年間立っていた人のように夕日を見てしまうからだろう。ぼくはある日、六十年間立っていた。そして、六十年間の夕日が沈んで行くのを眺めていた。水門はその六十年間が一瞬のように、いつも立っている。

水門は大きいけれど、かなり近くまで行かないと水門だとわからない。遠くの方からでは見えないし、少し近くまで行くとただの掘立て小屋だ。木造なので、水門が背中を向けているとそう見える。真下に立った時にはじめて、「おお！」と思うのだ。真下から見上げているだけだった水門の中に、二回入れてもらったことがある。釧路市の湿原を管理している役所の人が見せてくれたのだ。二回とも、「このことは、あまり公言しないでください」と言いながら。どうやら中には人を入れてはいけないことになっているらしい。中は、外から見るほど広くはなかった。水門を引き上げるためのどっしりとした機械がいくつかあって、それだけでいっぱいだった。ぼくたちが中に入っていくと、コウモリが外に出たそうに飛びまわった。窓は両側についていたのにうす暗く、中は思ったほど居心地は良くない。足場も悪いので、すぐに外に出たくなってしまう。床のすきまから下をのぞくと、自分を落っことしそうになるくらい高い。おそろしく足の長い貨車の中にいるんだと思う。夕日を見ようと背伸びして、そのまま湿原に置き去りにされた貨車。窓があったのにうす暗かったのは、窓ガラスが長年の雨風で汚れていたか、内側から板を打ちつけてあったのだろう。

昔は水門の中へは、出入りが自由だったそうだ。子供が遊びに来て危険だったので、出入りを禁止した。本物のピストルが隠してあったこともあるそうだ。ぼくがもしも釧路で小学生だったら、この中で毎日ハーモニカの練習をしただろうな。それとも何人かの友だちとやって来て、秘密の隠れ家にしただろうか。すぐ前を流れる川にいかだをつないで、トム・ソーヤやハックル・ベリーフィンを気取っただろうか。日が暮れるのを待って水門に運びこまれた金塊を、強盗団の手から取り戻し、いかだに乗せて街まで下っただろうか。ハーモニカがうまくなったら、いつも校門で待ち伏せしていたあの娘を誘って、水門までやって来よう。沈む夕日に伴奏をつければ、空でコウモリがバレリーナになって群舞するだろう。

水門の前で、二人の男がキャンプしている。一人はペテン師で、もう一人は泥棒だ。なれた手つきで火をおこし、はんごうで飯をたきはじめる。夜空には月も出ていて、水門は昼と同じようにひっそりと立っているだけだ。ペテン師は泥棒にこう言う。〈ここから抜け出せる道があるだろうか。混乱は極まっていて、やすらぎは得られそうもない。ビジネスマンはおれたちの酒をみんな飲んでしまうし、農夫はおれたちの地面に穴をあけた。試してみる価値ある方法なんて、もうないような気がするよ〉泥棒はペテン師にこうささやいた。〈がたがたするんじゃないよ。人生がただの冗談だと思っている奴はたくさんいるさ。だが、おれたちはこんなのは運命じゃないと思ってる。いいかげんなことばかり言うのはやめて、飯を食ったら今夜はもう寝ちまおうぜ〉。

いい匂いに誘われて、キタキツネが草むらから顔を出す。川面に映った月の光が、キタキツネの太いしっぽのようにゆれている。そういえば、湿原全体がキツネの皮をはがして広げたみたいだな。

二人は水門の中の人影に気づかない。もし気づいて中に入って行ったら、中の様子にびっくりしただろう。昼間は機械とコウモリだけが居た、くもの巣だらけの部屋は、宮殿と化している。はだしの召使いや着飾った男や女たちが忙しそうに立ち働いている。そして王子たちは、そこから遠くの方を眺めている。真夜中の水門は、この世の者ならぬ者たちの世界なのだ。六十年間使われなかった水門は、幻影たちの住む場所となっていた。〈王子たちは遠くを眺めている。遠くの方で山猫がうなっている。二人のライダーがやって来る。風が吠えはじめた〉。

朝になると、宮殿は元の水門となり、王子たちや召使いたちはコウモリに戻っている。そして、川のほとりでキャンプしていたペテン師と泥棒は、釧路川をカヌーで川下りしている冒険好きの若者たちだった。テントをたたむと、朝早い時間、再び釧路川を下りはじめた。背後に、幻影と予兆を秘めた古い水門を残して。

ザ・マン・イン・ミー The Man In Me

　別に意識しなくても、月日だけはどんどん過ぎていく。畳の上で速度計のついたトレーニング用の自転車に乗っているみたいだ。速度計には過ぎ去った月日が表示されるが、景色はいっこうに変わらない。いぜんとしてぼくは畳の上を走っている。ぼくの顔に針金でもはじくように音をたてて、しわが刻まれていくだけだ。

　ぼくを見て、「歳をとらないね」と言う人がいる。もしそうならそれはきっと母のせいだ。母は歳をとらない人だ。いつも若い若いと言われている。活動的できびきびしているというのではない。顔にしわがあまりなく、色つやもいいのだ。体がすごく小さいから、歳をとるのも遅いのだとも言われている。ぼくが歳をとらないのは、そんな母の影響が少しはあるかもしれない。でも、多くは環境のせいだと思う。この十七年間、ぼくの環境はほとんど変わっていない。ユミと会って結婚をして子供が生まれて歌を歌ってきた十七年間だった。実にせいせいとした十七年間で、ユミと会ったのはつい昨日のことのような気がする。いろいろあったことが、はじめと今とでくくられると、その間のことはなくなってせいせいしてしまう。こういう性格だから歳をとらないのかもしれない。「ユミと会ったんだ。そして今日になったんだ」という感じだ。できることならこの十七年間と一日を、どこかで取り替えてもらいたいくらいだ。一日を十七年間に換算したらいったい何年になるだろう。そんなに長いあいだ一緒になんかいたくはない、と言われそうである。

十七年間は言ってみると、おむつの中から学生服を着た一穂が立ち上がる感じだ。この十七年はそれほど急激だ。猫の成長を見ているようだ。あまりにも早いので、いつかぼくは赤ん坊になった一穂をもう一度見るかもしれない。その一穂が学生服を着ておむつの中から立ち上がり、つぎの瞬間また赤ん坊になって寝ている一穂のそばにはさっきまで着ていた学生服がくしゃくしゃになって脱ぎ捨てられている。そんな光景をぼくは思う。

そのあいだぼくとユミは畳の上で自転車に乗ったままだ。速度計は十七年を表示していても、そんなに疲れてはいない。こんなに運動したのに、少しずつ太ってきてさえいるのだ。子供は自転車のそばで赤ん坊とティーンエイジャーを何回か繰り返したあと、きっかけをつかむとぐーんと大人になって、いつのまにかもうぼくの孫までこしらえている。そんなことになるのも、もうそんなに先のことではないだろう。今度は孫が自転車のそばでおむつと学生服をごそごそと着替えはじめる。そのときになってもぼくとユミは自転車に乗って、畳の上をこいでいる。

生活をトレーニングと呼んでみよう。自転車をこいでいるのだから。はじめのころぼくはトレーニングに気がすすまなかった。なぜ畳の上で自転車をこがなくてはならないかがわからなかった。今でもわかっているわけではないのだが、こぐのをおもしろがってはいる。だが、はじめのころはやはり外を走りたかった。それはユミだってきっと同じだったと思う。たぶん本当はふたりで外を自転車で走り出したんだと思う。それがいつのまにか畳の上を走るようになったのは、子供が生まれたからだろう。子供が生まれたら、もう外を走るわけにはいかない。ヨットでも持っていたら、それに乗って世界を一周しながら子供を海の上で育てたかもしれないが、ぼくらは畳の上で育てることにした。子供を畳の上に寝かせて、ぼくらは自転車をこぎはじめたのだ。

ぼくとユミが外を走っていたころの話をしよう。ぼくはユミに芦屋で会った。コンサート会場で見かけて、あとで喫茶店に行った。そのときはスタッフやコンサートの主催者らと一緒だった。ホテルをまだ決めていなかったぼくは、コンサートのあとみんなと一緒にユミの家に泊まりに行った。今では考えられないようなことだけど。当時ぼくは寝袋を持ち歩いていて、いつどこでも寝られるようにしていた。気分がゆううつだったので、そうやって解消しようとしていたのだ。だからみんなと一緒にユミの家に泊まりに行くことも、なんのためらいもなかった。部屋の片隅に寝袋でごろりと眠ればいいと思った。ユミにはぼくを引きつける不思議な力があった。その時は寝袋をユミに預けて帰ったが、東京からまた取りに行くと、寝袋にユミがついてきた。ぼくが誘ったからついて来たのだが、九州や北海道を一緒に旅して、新宿の部屋までたどりついた。ユミはぼくの部屋にそのまま残ったが、寝袋はしばらくすると、どこかになくなってしまった。

　ぼくの部屋のすぐ近くに、新宿ロフトができるという話を聞いた。内装工事をしているとき遊びに行ったら、前に入っていた店が捨てないで置いていったというスプーンやフォークをもらった。それは今でもうちで使っている。部屋はバス通りに面していて、中国人夫婦の酒屋の二階だった。この夫婦は明るく、新宿に住んでいるときのぼくらのすくいの神だった。ふたりがいると安心することができた。今のぼくぐらいの歳の夫婦だったと思う。ふたりにはこどもがいなかった。ぼくたちに子供ができたと聞いて、とても喜んでくれた。ユミはまだ二十歳だった。きっと酒屋さん夫婦には、ぼくたちがひどく頼りなげに見えたことだろう。

　することはあまりなく、時間はたっぷりあった。忙しい街に住んでいたので、ぼくたちの暇は目立った。自分から見て目立ったのだ。だからぼくは頭の中でひとり遊びをした。ぼくたちはとなりあったふたつの国の王子と王女に見立てた。バス通りがふたつの国の国境だった。ユミはバス通りの国境の向こうからやって来たお姫様だったのだ。ふたりが結婚することは、ふたつの国の間で決まっていたことなのだ。ぼくたちはよく、真夜中にぼろぼろのお城を抜け出して、お互いの国の中を散歩してまわった。どこに行けば真夜中でもサンドイッチが食べられるかといったことは、たいていは知っていた。近所には女装の人たちばかり住んでいるアパートがあって、夕方一列になって出勤していく姿が見れた。ユミは銭湯でよく、性転換した声の太い人と隣合わせたらしい。日に日に大きくなる胸が、ユミにはひどく珍しかったらしい。自分の胸はそんなに大きくなることなんてないから。大久保から東中野のほうまで、ぼくらは実によく歩きまわった。東中野には、映画監督の柳町光男さんが住んでいた。知り合う前にぼくたちは新宿を出てしまったのだが、もし知っていたら頻繁に遊びに行くことになっただろう。その頃柳町さんは暴走族の記録映画をとっていたから、それが見られておもしろかっただろう。ほかにも何人か、近所に知り合いの人が住んでいた。だから全く孤独だったというわけではない。なのに新宿のことを思い出すと、なぜだか胸がしめつけられるのだ。それはたぶん、ぼくとユミがふたりっきりで暮らした唯一の時期だったからではないだろうか。ぼくたちが、自転車を外で乗りまわした時期だった。夜道はぼくたちを、遠いところまで連れてってくれる乗り物のようなものだった。いっこうに馴染めない街にいて、ぼくたちはいつまでも消えない記憶を作ったことになる。

「新宿ロフト」がオープンする直前に、ぼくたちは新宿を出た。子供を育てるには、新宿のぼくらの部屋は狭かった。吉祥寺にもう少し広い部屋を借りたのだ。吉祥寺に移ってからも時々「新宿ロフト」には行った。そしてその度に酒屋さんをのぞいてみた。子供を連れていくとまるで自分たちの孫のようにかわいがるので、酒屋がぼくたちの田舎みたいだった。最近、ひとりでふらりと前に住んでいたあたりに行ってみた。「ロフト」はまだあったけど、街の感じはだいぶ変わっている。「ロフト」の影響なのだろうか。レコード屋さんが、たくさんできてきている。中国人の酒屋さんのまえを通ると、ふたりはまだせっせと働いていた。まるで時間なんてたっていないみたいに。自動販売機で買ったジュースを飲みながら、しばらくふたりの様子をながめていたのだが、ふたりはぼくには気づきそうもない。ちょっと、『時をかける少女』のラストシーンみたいだ。街はすっかり変わってしまったのに、ふたりの環境は変わらなかったようだ。前と同じように若々しい。すっかり新しくきれいになった店の前にしばらくいて、思い出から離れるときぼくの歩調は少し早くなっていた。

住み馴れた場所に戻ると、なぜか廃虚ばかりが目につく。すでに人がいない場所に、幻ばかりを見る。塀に沿って歩いていると、まるで卒業生として送りだされようとしているようだ。朽ち果てた板塀からいくつも手が出て、拍手をしはじめる。日暮れまでにはまだ間がある青空に、誰かが打ったホームランの音を聞いた。

生活とは、どこかに行こうとする姿勢を崩さないようにすることだった。だからぼくは畳の上に自転車を置いた。でも、サイクリングはもういいだろう。自転車は土手の上に止めて置いて、一緒に川に映ったぼくたちを見よう。ぼくそっくりのぼくが川に映っている。ぼくの横には、君そっくりの君が映っている。川に映ったぼくが、川に映った君に会いたくなったら、またこうしてぼくの横に来てすわってくれるかい。それがぼくが君に望むこと。今のぼくの気持ち。

天国の扉　Knockin' On Heaven's Door

木は木陰を作る。砂漠のオアシス。一九七四年、ニューヨークからの帰りに、ニューメキシコのアルバカーキというところでバスを降りた。あてもなく歩きまわり、その日のうちにサンタ・フェ行きのバスに乗ったのだが、なぜそうしたのか今では全然覚えていない。なにしろもう二十年近くも前のことである。たぶんニューヨークでサンタ・フェに住む日本人写真家の住所を誰かからもらい、その人をたずねて行こうとしたのだと思う。サンタ・フェに着くとぼくはさっそくその人に電話して、二、三日泊めてもらうことになった。アルバカーキはニューメキシコの真ん中あたりにあって、そこからさらに何時間か北にバスで行くとサンタ・フェがある。グランドキャニオンのずっと東側にあたるらしい。昔、大岡昇平という作家がアメリカ旅行の途中にこのサンタ・フェに立ち寄ったのは冬のはじめだった。旅行記を読んで、サンタ・フェにも粉雪が降り積もることを知った。ぼくが訪れたのは夏のはじめだった。なにもかもがぱさぱさに乾ききっていて、片栗粉を踏んでいるようだ。それは目には見えない夏の粉雪だったかもしれない。もしも太陽に電源があるのなら、ほんのしばらくでも誰かがそれを切ってくれないものかと思った。アルバカーキには木がなく、町全体がミイラのように静まりかえっていた。サンタ・フェの町では、涼しげに枝を広げる木々を見つけることができた。小さな町のあちこちに木陰があって、ハーモニカを吹くように揺れていた。ぼくはサンタ・フェというスペイン語の名前が好きだった。なんだか白い髭のサンタクロースが、木陰のカフェで一休みしているみたいじゃないか。スペインとインディアンの文化が合体した町サンタ・フェには、赤がとてもよく映える。鶏のとさかのような赤い服を着た少女が、炎天下を走り抜ける。砂漠の空を通過する太陽は、燃える飛行船のようだ。その下で影だけを見つけて歩いていると、石蹴りのような子供の時の遊びをしているようだ。サンタ・フェには、観光客のためにみやげものを売る店もたくさんあって、日陰を見つけるのに苦労しない。そうやって歩き回っているうちに、一軒の古本屋が見つかった。砂漠の本屋は中に入ると、製氷室のようにひんやりしている。棚に並んでいるのは本ではなく、文字のつまった氷なのだ。そこはまさにオアシスだった。本を手にとって開くと、文字が枝を広げ心に木陰を作る。英語はうまく読めないけれど、本を開いてなんだか涼しくなった。たまたま手にとったその本で、ぼくはビリー・ザ・キッドがニューメキシコの人だったことを知る。うんと南の方、メキシコとの国境のあたりだったようだが。今もそこにお墓があるらしい。日本でビリー・ザ・キッドの映画を見たばかりだったので、ぼくはその本を買って帰ることにした。棚で眠っていたその本は、しばらくしてもまだひんやりとして冷たかったが、旅の途中にどこかに消えてしまった。やはり氷でできていたのだろうか。

ディランも出演している映画『パット・ギャレットとビリー・ザ・キッド』には、とてもきれいなシーンがあった。腹を撃たれた保安官が、川のほとりに座っている。手は撃たれたところを押さえている。ちょうどへそのあたりだ。そこへ彼の妻がやって来て、無言で彼を見つめている。声は出さないのに、滝のような涙がほほを伝う。さっきまで銃を持ち、撃ち合いをしていた女の顔がとたんに優しくなる。次第に目の前が暗くなり、死に行く男の頭の上でディランが歌う。〈バッジをはずしてくれ、もういらなくなったから〉と。川を見つめる保安官の情けない表情がよかった。彼はパットに同行したくはなかったのだ。誰も本当にはビリーを捕まえたくはなかった。なぜか誰もパットには逆らえない。「保安官同士は助けあわなくちゃ」と嫌々同行したのに、あっけなく命を落とす。死を前にしてただ川を見つめる彼の表情に、その無念さがすべて表れているように思えた。

パット・ギャレットには「しかたがない」という言葉がつきまとう。かつての無法者は胸に保安官バッジをつけて、新しい時代のスタート・ラインに立つ。だが、ビリーにとってニューメキシコは、自由な別天地である。死んでも法律などにしばられたくない。狡猾に生き延びようとするパットと、自由のまま死にたいと思うビリーの対決は、親と子の対決のようでもある。親は子をしばろうとして、往々にして言わなくてもいいことまで言ってしまう。子はそれに反発して、家から自分を持ち出して、親の手の届かない場所に一時的に預けてしまう。子は目の前にいても、本人はとっくにいなくなっていることに親は気づかない。子が自分を預けた場所は、ビリーのニューメキシコにあたるところだと思う。パット・ギャレットは、ビリーは撃ったけどニューメキシコを撃つことはできなかったわけだ。同じように親は子をしばるけど、子のニューメキシコをしばることはできない。

最近ぼくの家でもこんなことがあった。息子の長電話がひどいので、怒った拍子にコードレス・フォンで息子の頭をごつんとやってしまった。子は親の行為に腹を立て、鞄に荷物をつめて家出してしまった。どこに行ったかはすぐに見当がついたので、自転車で行って連れ戻すことができたのだが、子のはじめての思い切った行為にぼくは少々うろたえたのだった。先のことなど考えなかったらしいが、鞄にはノートや学生服など通学に必要なものはつめこんであって、家出先の友だちの家から通学する気だったようだ。子にまんまと家出されたときぼくを襲った感情について考えてみた。どうやらぼくは、子だけ家出するなんてずるいと思ったのだ。子は親なんて家出しないと思っている。ところが親だって家出したくなるようなときはいくらでもあるのだ。悔しかったので、ぼくは子にこう言った。「子が家出するなら、親だって家出する。親が家出するときは、こんどは子が家に残る番だ」と。

いずれにしてもあと数年すれば、子にはりっぱに家出する力が備わっているはずである。そのときには子も、もう戻らないつもりで家を出るだろう。ぼくが十八のとき、ちゃんと計画をたてて家出したように。ぼくにはやりたいことが見つかっていて、それをおしまいまでやり遂げてみたかった。人生で二度ひとりになるときがあるとすれば、ぼくはまず二度目のほうから先にやりたかった。ぼくにはそれが家出だった。人生を先回りしようとしたのだと思う。

子供が友だちから借りて来たガンズ・アンド・ローゼスの海賊盤のビデオがとても良くて、最近彼らが日本に来たとき、子供と一緒に東京ドームに見に行った。人に頼んで買ってもらった席が一番後ろのボックス席だったので、ほとんど見えなかったけど、ヴォーカルのアクセルの声とかわいらしい感じはよく伝わって来た。シャツとパンツを次々と着替えていくのも、若者の飽きっぽさを漫画チックに表現しているようでおかしかった。ぼくはこのバンドが気に入って、レコーディングの最中にもヘッドフォンで聞いていた。耳にたたきつけてくる音はあとくされがなくて、ものを考えるときにもいいような気がする。三時間ばかり聞いたコンサートの最後に、ディランの

「天国の扉」をやった。さびの〈ノック、ノック、ノッキン、オン、ヘブンズドア〉というところを、アクセルの音頭で五万人の人が合唱していた。

映画『パット・ギャレットとビリー・ザ・キッド』では、「天国の扉」は、前の保安官が死ぬところとビリーが死ぬところで流れる。保安官のところでは一番が、ビリーのところでは二番が。一番では一行目の歌詞がバッジで、二番ではそこがガン（拳銃）になっている。死ぬまぎわの人が恋人に取り除いてくれるように頼んだものが、このふたつの物だったわけだ。バッジとガンで象徴されるふたつのものが、アメリカ社会ではよほど大切な物なのだろうと思われてくる。死んで天国に行くときはじめて、人はこのふたつの物から解放されるのだ。パットは法律を守るために武器を使い、ビリーは法律を拒否するために武器を持った。法律と武器は今のアメリカで、前にも増して意味を持ってきているようだ。アメリカばかりではなく、世界中がそのふたつから逃れられなくなってきている。パットとビリー亡き後のニューメキシコに、原爆製造所ができてからは、この傾向が著しく強まった。

サンタ・フェという名が、今でもぼくに木陰を作る。ビリー・ザ・キッドのいないニューメキシコに、いつかもう一度行ってみたいものだ。そのときは子供も今より大人になっていて、ぼくに涼しげな木陰を作っているかもしれない。子供が学校に行くようになって、のんびりと暮らしていたぼくのところは少しずつ影響をこうむって来た。朝早い時間に死にものぐるいの顔つきで学校に飛び出していくのを見ていると、家に取り残されたぼくの心は木が全部刈り取られた砂漠のような気分になる。子供が早く成長してくれて、一本の木になってくれるのが、ぼくは楽しみなのだ。それまでは、いつか行ったニューメキシコのことでも夢見ながら、子供を応援していこう。

『ジュークボックスに住む詩人』(1993年)より

オープニング・ナンバー——景色は歌の友だちだから

詩を読んでいて、言葉の中に音楽があると思ったことがある。それはジャック・プレヴェールだったかもしれない。それはアレン・ギンズバーグだったかもしれない。ページの上の文字は、歩く楽器だった。言葉はわからないけれど、吐きだしているものは感情のこもった音楽だった。言葉がなければ、音楽も消えてしまう。どちらかがどちらかの一部分なのではなく、二つのものが一つになったのでもない。言葉も音楽も水に映っていて、人間の感情が聞いてしまうものなのではないだろうか、歌として。

だから歌を聞いていて、言葉だけが入ってくるということはないし、音楽だけ聞こえてくるということもない。言葉がいくら外国のことばでその言葉がわからなくても、入ってきてはいる。ただその水に映ったものが何なのかわからないだけだ。ぼくが言葉に興味を持つようになったのは、水に映ったお化けがおもしろそうに見えたからだ。

それは、あきらかに何かを言いたそうだった。英語の単語を辞書でひきながら、ぼくはその正体を読みとろうとした。そうやってぼくは、ボブ・ディランのまだらな歌を歌っていた。まだらなのは、意味がわからないところがお化けのままだからだ。ぼくは言葉を音楽と一緒に歌として聞いた。だからぼくは、言葉には音楽が必要だと思っているし、それを歌いたくなってしまう。

初期のボブ・ディランの歌のスタイルで、いちばんぼくの興味をひいたのが、トーキング・ブルースだった。これはギターを弾きながらただ語っていくのだ。だからメロディはないし、楽譜にも書けない。だけど語りはリズムがあって、そのリズムでギターを弾きながら語るので、これはただのお話ではなく音楽である。昔からウッディ・ガスリーやレッド・ベリーらが、ギターをかきならしながら語っていた。アメリカにずっとある音楽のスタイルである。それをディランはそのまま受けついだだけなのだ。ギターのベース音でリズミカルにメロディーを弾きながら語るスタイルをまねしたくて、ぼくは繰り返しディランのトーキング・ブルースに耳かたむけた。結局このトーキング・ブルースがぼくの歌の基本になっていく。語ったままのメロディが、ぼくにはいちばんありのままの音楽だった。ブルースやロックンロールも、トーキング・ブルースを受けついでいるとぼくは思っている。

ボブ・ディランのつぎに、ぼくはレナード・コーエンをよく聞いていた。詩集や小説もたくさん出しているけど、あの声は歌わないともったいない。日本に来たときは、鎌倉のお寺で座禅を組むのが目的だった。せっかくだから歌も聞きたかった。いつかもう一度歌うために、日本に来てほしい。レナード・コーエンの歌のメロディーも、語るときの抑揚を大事にしている。現実の世界を超低空でさまよう、背広を来た放浪紳士、レナード・コーエンの愛の歌には、生身の男と女の匂いがする。

シンガー・ソング・ライターがつぎつぎと登場した時期があった。ぼくはすてきな歌にたくさん出会った。ランディー・ニューマンの歌は、涙のようにしょっぱくて苦い。後悔したことが、そのまま歌になっている。いつもくよくよしている彼にくらべると、世の中はどうもくよくよしなさすぎる。トム・ウェイツは、お行儀が悪い。酔っぱらってくだをまいたりしている。だが世の中のお行儀の悪さにくらべたら、トム・ウェイツは優等生である。ロマンチックの量が、きっと並みはずれているのだ。七〇年代のシンガー・ソング・ライター・ブームは、八〇年代のスザンヌ・ヴェガやトレイシー・チャップマンに受けつがれてゆく。現実の中の人間の感情を、はしょらないで歌っている。

ブルーハーツが有線でひっきりなしにかかったことがあった。喫茶店でコーヒーを飲んでいると、テーブルの上のカップがひっくりかえりそうだった。歌にあわせてコーヒーカップがジャンプしようとしたのだから、おもしろくないわけがない。最近になっても有線でときどきかかるけど、ブルーハーツの歌の持つ違和感に、街がひとつも慣れていないことを知って楽しくなる。時がたっても、全然異質であり続ける音楽ってあるんだね。たまの音楽にもそんなところがある。沖縄音楽のような「夕暮れ時のさびしさに」が有線から聞こえてきて、沖縄にいてもひときわ異彩を放っていたことがあった。きっとどんなにそれっぽく音楽をやっても、たまの音楽はそれにはならないのだろう。かえってひきたってしまう。

昔は今ほど歌詞が個性的じゃなかったような気がする。自分だけの世界をあまり歌にしていなかったし、しようとしていてもうまくはなかった。うまい人がずいぶんふえたような気がする。せっかくじょうずなんだから、宝の持ち腐れはしないで、この世界をおもしろい歌でいっぱいにしてほしい。感情の上に言葉と音楽が重なったときに発生した、思いがけない歌がまだまだ必要なんだ。

「もしぼくが今の時代に生まれていたら、きっとギターを持ったと思うな」と、谷川俊太郎さんがぼくに言ったことがある。もし今の時代に生まれていなかったら、ミュージシャンにはならずに詩人になっていたかもしれないという人が、ぼくの身近にも何人かいる。音楽の影響はこんなにも大きかった。歌の中にある詩に気づいて、詩集を読みはじめる人も多いだろう。ぼくも、ボブ・ディランの歌に出会うまで、詩集をちゃんと一冊読んだことがなかった。詩のおもしろさにも気づいていなかった。そのことを気づかせてくれたのが、音楽だった。

ボブ・ディランが今の時代に生まれていなかったら、いったい何になっていただろう。エジプトで人足のようなことをやっていただろうか。詩なんか書いていなかったような気がする。彼は、音楽の時代にこそ生まれた詩人なのだ。

ボブ・ディランの歌を聞くようになって、かってに日本の詩を読みだした。たとえばボブ・ディランと金子光晴は別のものだけど、かってにボブ・ディランの歌と金子光晴の詩をひとつの歌にしていた。そうやって、英語でわからないところを、金子光晴の日本語で穴埋めしようとしていたのかもしれない。ある時期、ぼくのディランは金子光晴の日本語で歌っていた。どうやらぼくは、詩を歌詞のようにして読んでいたのだ。まだ誰もメロディをつけていない歌詞。それに旋律をつけては、また忘れていった。逆に歌詞を、詩のようにして読んだりもしていたにちがいない。ぼくにはどんなラブソングの歌詞も、詩としておもしろかった。とくにラブソングだと、人はへんなことを考えるもんだなあ、とおもったりした。人を好きになるっていうことは、いくらか頭がおかしくなることだからしかたがない。サム・クックもレッド・ベリーも、おかしなラブソングをいくつもつくっている。

ボブ・ディランもラブソングの名手である。口説き文句がいかしている。詩人にはそういう才能も必要だろう。ぼくのラブソングに会話がないのは、昔からひとり思いばかりしてきたからだろうか。会話の苦労を歌の中に持ちこんでいない。ぼくはいつか物語を組み立ててみたい。会話を窓のように持った物語を。

ぼくがもしひとつだけ楽器を選ぶとしたら、言葉を選ぶだろう。腕をみがいて、世界中を旅してみたい。そんなに困ったことにはならないだろう。パリの街角で通じない言葉のアコーディオンを奏でたとしても。

歌の中から歌詞だけを取り出しても、水から上がったスピッツみたいで不格好かもしれない。ぼくはぼくの好きな歌を、ただ口ずさんでみたかっただけだ。それで頭の中に浮かんだ景色を、誰かに聞いてもらいたかった。景色は、歌の友だちだから。その景色を見て、また歌を想像してみることもできる。青空の映っている水たまりは、青空と同じくらい深いのですよ。それで、取りあげられなかった歌がまだたくさん残っていて、まるで釧路湿原のようにはてしなくどこまでも広がっている。ぼくはここに立って、それを眺めているところです。

『耳をすます旅人』（1999年）より

目をさます旅人

たまの柳原くんと滝本くんと、札幌の近くの手稲というスキー場で一緒にスキーをしたことがあった。たまとのコンサートツアーでたまたま札幌にいたからだ。その日はちょうどオフの日だった。

スキー場はとてもよく晴れていた。寒くはないし、それにあまり混んではいなかった。三人三様に背伸びをすると、まずは尾根づたいのなだらかなコースを滑りはじめた。

滝本くんはなかなかうまく、ぼくと柳原くんはわりとへっぴり腰である。だが滝本くんについて行けないことはない。たまに女子大回転なんていう危険なコースに挑みながら、短時間にしてはまずまずだと満足していた。

そうこうするうちに雪が降りはじめた。たいしたことはないと思っていたけど、い

つのまにか吹雪に巻き込まれていた。日が当たるところと日陰ではまったく様子がちがう。目があけられないのでじっとしていたら、滝本くんや柳原くんにずいぶん遅れてしまった。
　ぼくは小学校一、二年生のころ札幌に住んでいた。雪の日には、学校へ行くのが非常につらかった。吹雪だと前に進めなくなり、それでもマスクと帽子で顔を全部覆って涙を流しながら学校へ通った。滝本くんたちにはぐれたときのぼくの顔は、小学校の吹雪のときのぼくの顔だった。
　やっといちばん下のゲレンデにたどり着いたころ、凍えていたぼくの顔もほくほくとしだした。なんだか、小学生のころに旅して帰ったみたいだった。雪はまだまだ降りつづいていたが、もう怖いものでもつらいものでもなく、あれからぼくが旅した数十年間が空からはがれて落ちてくるようだった。見事なその様子にぼくはうっとりとしてしまい、いつまでも動くことができなかった。

ふとうしろをふり向くと、レストランの中で滝本くんたちがぼくを見て笑っていた。ぼくにはなぜ笑われているのかがすぐにわかった。頂上から降りてきたぼくが、まるで子供に見えたのだ。ぼくはどうやら大人を頂上に置き忘れたらしい。あまり長いあいだじっとしているので、そのうち心配になって滝本くんたちがレストランから出てきた。おかげでぼくはやっともとにもどることができてめでたしめでたし。

雪の中にいると、いままでしーんとしていた耳をすます旅人が目をさまします。

空の旅人

飛行機には漠然とした憧れがあった。グライダーに乗ってみないかと誘われて、憧れを浮かべていた水面が揺れた。はるにれの木で知られる北海道の豊頃町で、小さなプロペラ機にはじめて乗った。グライダーに乗りたかったが、何日も前から予約が必要らしい。グライダーは百メートル上がるごとに、飛行時間が二、三分のびるという。グライダーは高さをエネルギーとして空を飛ぶ。夏の日の午後、積雲の下へ行けば上昇気流でだいぶエネルギーの節約になるそうだ。滑走路に立って空を見上げ、積雲の下あたりを音もなく飛ぶ白いグライダーを夢見た。

「少し揺れます」と言われたと思ったら、ぼくの体は真横になって十勝川の方に向きを変えていた。はるにれの木は、十勝川のほとりに三本並んで立っている。地上で見るよりも木の間隔が大きいので、ぼくは空の雄大さを感じた。十勝川に沿ってそのまま飛べば、やがて大津という港町にでる。『十勝平野』(上西晴治著) というアイヌを主人公にした開拓時代の物語の舞台になった。ぼくたちはそこまでは飛ばずに、水か

さの少ない十勝川を豊頃町まで戻り、ぼくがその夜歌うことになっていた公園の広場の上を旋回した。
　高度は二百十メートル、足元に何もないから、小高い山にいるよりはずっと高いところにいるみたいだ。「歌う前って緊張しませんか」と操縦士に聞かれたが、「飛行機に乗る前の方がずっと緊張します」と答えた。こうして操縦士と雑談しながら空を飛ぶなんて、ふだん旅客機では考えられない。操縦士と話ができれば、旅客機がひどく揺れても不安にはならないかもしれない。軽率にも「よそ見ばかりしていますね」と質問したら、機体を水平に保つために地上の景色を確認しているのだそうだ。計器より自分の目がやはりあてになるらしい。操縦席から眺める空こそ、旅客機の窓からの

ぞいても眺めることのできなかった本物の空だ。そのままどこまでも飛んで行けるのに、ぼくにはどこも思いつかない。ただそうやっていつまでも空にいて、時間だけが過ぎればいい。操縦士に何を見たいか聞かれても、ぼくには答えることができなかった。ただはるにれの木と答えたのは、そのままずっと飛んでいたかったから。一日空にいる操縦士は、その夜地上でぼくの歌をどんなふうに聞いてくれたのだろう。

雪国へやって来た、方言編

角館のコンサートの打ち上げの席で、ホジという耳なれない言葉を聞いた。秋田では今でも、子供がいたずらをしたり成績が悪かったりすると、「このホジなし！」と親が叱るらしい。また交通標語にも使われているという。スピードを出しすぎたりしているときに「このホジなし！」という標語が目に飛び込んできたら、子供のころからしみ込んでいる言葉だけに効き目があるかもしれない。雰囲気はなんとなくわかっても、意味を聞こうとするとみんな口ごもってしまう。どうも標準語にするのはむずかしいようだ。

あえて標準語になおすとすれば、知恵かもしれない、とコンサートを主催してくれた叶さんは言っていた。角館にはそのホジ、つまり知恵を売る店があるという。それはイオヤというよろず屋で、堂々と「ホジあります」という看板をかけてあるそうだ。それで叶さんは子供のころ、本当にホジを買いに行ったことがあるという。そしたら店の主人が真顔で、「あいにくホジはたった今売り切れたところです」と答えたそう

だ。それから何度か行ってみたけど、答えはいつも同じだったという。本当はないとわかっていても、角館では「このホジなし！　イオヤに行ってホジ買って来い」と今でも言うそうだ。

　叶さんに案内されて、翌日イオヤに行ってみた。天井からおびただしくいろんなものがつり下げてあり、その中には役に立ちそうもないものまであって、なるほどここならホジだってありそうだと思えてくる。懐かしい足袋を一足百円で売っていたけど、どれも小さいものばかりだった。だんだん現代のお店とは思えなくなってくるような、おかしなものばかり売っている。なんだか昭和二十年代から、仕入れがずっとストップしているみたいな感じがする。なのに店の主人はれっきとした現代の人なのだ。

「変なのは店じゃなく主人の方だよ」という叶さんの言葉が妙にうなずける。

　青森へ行ったときにホンジの話をしたら、青森ではホンジと言い、本地と書くのだと教えてもらった。意味はやはり知恵とか頭のことで、尻のことはホンズと言うとも教えてくれた。もしかしたら古い言葉なのかもしれないと思い、家に帰って辞書で調べたけどそれらしいのはなかった。ホンジの話になると、青森でも妙に盛り上がったのが印象的だった。

風紋

賽銭箱の前に立ったと思ったら、瞬く間にお堂の中に引きずりこまれた。見回せば、壁狭しとばかり掛けられた現代絵画や造形作品の数々、とても神社の中とは思えない。アンディ・ウォーホールやマン・レイのポスターと一緒に展示されたぼくの知らない作家たちの力作。森山大道の犬の写真もある。ただならぬ世界に足を踏み入れたものだ、と感心していたら、神主さんが他の作品を持って現れた。ターナーやゴヤのエッチングだった。

ぼくが感心したいくつかの絵は、小野忠弘という作家のものだった。神主さんはこの作家の作品を、百五十点以上も所蔵しているという。「ぼくが絵を見るときは、まず緑を見るのですよ」、そう言って神主さんは小野忠弘という作家の抽象画の説明をしてくれた。限りなく自然の岩肌に近い作品だった。日本海に面した三国という町で暮らし、自然という造形作家をいつも尊敬の念で眺めている神主さんは、元はどこかの美術館の学芸員だったという。

コンサートで福井県の三国に行った。ぼくにとってはじめての町は、東尋坊や越前蟹で知られている。ところがぼくがまず思い出したのは三好達治だった。というのは最近ユミが萩原葉子の『天上の花』という小説を読んでいて、その舞台になっていたのを聞き覚えていたからだ。それは詩人三好達治と、萩原朔太郎の妹アイの話だった。二人は結婚して、五年間三国に疎開して暮らしていたのだ。ところがアイは三好達治を愛してはいなかったので、三好達治を逆上させるようなことばかりした。三好達治の暴力に耐えかねて、アイはついに三国を逃げ出した。

ぼくらがたまたま迷い込んだ神社は、大湊神社といった。そこのお堂には、三好達治の直筆の絵もあった。ぼくらが妙に感心しているので、神主さんは彼の庵にぼくらを案内してくれた。日本海に面したその庵からは、寝ころんでいても夕日が見られる。神主さんは大吟醸酒を勧めてくれ、通りがかりの人からもらったという、釣ったばかりの鯛を刺し身にして食べさせてくれた。「気持ちいいことだけを追求して生きて行けばいい」、という神主さんの言葉に、普段は酒を飲まないどんとまでもおいしそうにすすり、頬を赤らめていた。いつのまにかぼくらは、三国で最も風変わりな人物と知り合いになっていた。

樹海の蝶

はじめてのテレビ用コマーシャルの撮影で富士山の麓の樹海に行ってきた。今までナレーションや歌で係わったことはあっても、出演するのははじめてのことだった。銀座で衣装合わせの後、そのままハイヤーで樹海まで行った。その夜は樹海のホテルに泊まり、翌朝早く撮影がはじまった。

あいにくの雨で、何度も中断しながらの撮影だった。ぼくはマイクロバスの中で長い時を過ごした。あくまでも主役は商品のノート型パソコンなのだ。彼《彼女?》は生まれたばかりの赤ん坊のようにていねいに扱われていた。ぼくはいくつか演技しなくてはならないことがあったが、監督さんのおかげであまり硬くならずに演じることができた。どうしても自然に笑えないとき、ユミの提案でぼくが覗き込むデジタルビデオカメラのモニターに、家で飼っている猫の写真をはりつけた。監督さんはカメラを回すたびに、その猫の名前を大声で張り上げるのだった。

撮影にナガサキアゲハという南方の蝶が使われた。設定がどこか南の方の島だった

のだそうだ。樹海はセットとして使われたにすぎない。南方の感じを出すために、木々の幹や土壌の表面には明るい苔が貼られた。雰囲気を盛り上げるために、いろんな種類の木々がトラックでたくさん運び込まれた。

ナガサキアゲハは宮古島から空輸されてきた。約二百匹の蝶が、生きたまま一匹ずつパラフィン紙に包まれていた。撮影に使われたのはその中の羽根の痛んでないよく飛べる数匹の蝶だけで、後の残りは撮影の後に樹海に放たれた。「どうなるんでしょうね」とスタッフの方にたずねると、「おそらく生きられないでしょうね」という返事だった。

ナガサキアゲハは黒い大きな羽根を持つきれいな蝶で、本州南西部以南の東南アジア全域に分布するという。いるはずのない樹海の土の上で、ナガサキアゲハは不時着した飛行機のようだった。

二日目の撮影が終わるころようやく雨も上がった。帰りはマイクロバスで横浜まで送ってもらった。ぼくたちは樹海のほんの入口で撮影をしていただけなのに、残されたナガサキアゲハのおかげか、ずいぶん深い森を覗いてきたような気分がした。撮影されたコマーシャルは、その夏テレビで頻繁に流されたがぼくに気づいた人は少なかったようだ。

犬の散歩、猫の散歩

公園は、街の中にあって遠く離れた所、というのがいい。井の頭公園はまさにそういう公園だった。吉祥寺駅の南側のほとんどは公園に占められていて、公園の木々のようにひっそりとした住宅街が広がっている。ぼんやりと歩いていると、いつ公園の木々が家々に変わったのか気づかないほどだ。家々にも木々のような枝があるみたいだ。公園の草が歩きだしたような裏道や、錆びついた金網に沿った道を歩けば、その向こうにありそうな別世界。ぼくは何度もそこに住みたいと思ったものだ。東京には実にたくさんの公園があるけれど、井の頭公園だけ特別な感じがするのはぼくだけだろうか。

ぼくとユミはよく玉川上水沿いの道を歩いて、井の頭公園まで行ったものだ。そこはちょうど井の頭公園の裏側にあたる。陸上競技のトラックのあるグラウンドがあって、日暮れになるとどこからともなく、犬を連れた人たちが集まって来る。トラックの内側が芝生になっていて、そこで犬を遊ばせるのだ。示し合わせた訳ではなくて、

いつか自然にそうなったのだろう。猫とちがって犬にはたくさんの種類や大きさがある。大きさのちがう犬たちが遊んでいるのを見るのはなかなか楽しい。人間みたいに相手の大きさなんて気にしないのだろうか。

あれがもしも猫だったらどうだろう。猫は散歩なんて大嫌いだけど。集まればきっと相手を威嚇する声でやかましいだろう。犬のように遊んだりはしないのではないだろうか。それに猫に犬のような大きさのちがいがあったら気持ちが悪いかもしれない。化け猫みたいなのが本当にいたりしたら。

それでもぼくたちは飼っている猫を自転車に乗せて、井の頭公園に行ったものだ。家では大いばりだった猫が、外では這ってしか歩けないくらいおびえる。パニックを起こしてとんでもないところに走り込んでしまう。猫を散歩させることほどかわいそうなことはない。ちっともくつろごうとしないし、変な声で鳴いてばかりいる。

その頃住んでいた家のそばに、紐をつけられて犬のように散歩をする大きな猫がいた。散歩のコースはだいたい決まっていて、大好きな草の生えてる場所までよく知っていた。そして夜には縁側で、犬のように眠るのだ。ときどきぼくはあの猫のことを思い出す。

ティー・タイム

ぼくは今、中目黒に住んでいる。ここから地下鉄で三十分ほど行ったところに入谷という駅がある。ぼくの好きな饅頭屋さんがここにある。麦マルといって、猫が笑っているような手書きの店です。

開店したときは、五十メートルほど行列ができたそうだ。というのは、ここの饅頭は小麦饅頭といって、知っている人には昔懐かしい饅頭なのだそうだ。麦マルは一躍下町のおばあさんたちのアイドルとなった。

ところが、入るとポルトガルかスペインにでも来たかのような気分になるから不思議だ。椅子にすわってコーヒーを飲んでいると、誰だって旅人になれる。あきたらかばんをおいてあたりを散歩するといい。学校帰りの小学生がけんかしているのを、道端でおばあさんがとがめているのを見かけるだろう。ぼくの住む目黒区ではあまり見かけない光景だ。門にお銚子がうまってる、鍵屋という飲み屋があった。一見普通の民家のようで、ちょっと入ってみたくなる。麦マルのとなりには古いアパートの入口

がある。麦マルのトイレはこの中にある。トイレへ行く時、雰囲気のある中庭の横を通る。トイレに行きたくなくても、中庭を見に行くといい。麦マルはこの古い大きな木造のアパートの一部分である。

　店主たちが猫好きなせいか、よく子猫がすてられている。もしかしたら麦マルのあたりで生まれたのかもしれない、よたよた歩きの子猫。車道まで出ようとするので心配になって見ていると、母猫もそっと顔を出して心配そうに見ている。早く口でくわえて連れ戻せばいいものを、ぼくがいるから子猫に近づかない。人の子の母より子猫の母のほうがきっと何百倍もたいへんだろう。あんな聞き分けのない子がうまく育ったら奇跡だ。

　麦マルは、のら猫のように下町に住みつ

いた。まだそんなにたっていないのに、もういろんな匂いがしみついている。壁やテーブルからは海の匂いがする。大西洋に面したアフリカの小さな町にいるみたいだ。読みかけのファッション雑誌、ラジオからながれる古い音楽、インド・チャイを飲みながら小麦饅頭を食べていると、時間があっというまにすぎてしまう。旅人にとって、軽やかなドアの向こうがずっと東京の下町なのもいい。

西郷山公園

都会の公園はいろんな顔を持つ。代官山の近くにある西郷山公園でぼくが知っているのは、そのうちの一番おだやかな顔である。

曜日にかかわりなく、お昼になるとぼくはユミとお昼を食べに行くことにしている。お弁当はたいていぼくが作る。どうせ高校生の息子にお弁当を作らなくてはならないので、そのついでである。

ぼくが作れるものは本当に限られている。ありふれたものをほんの二、三品、おかずが少ないときは、お弁当箱が大きく見える。今日のはさすがに食えないだろうと思っても、お弁当だと意外においしいものである。調子に乗って手を抜くと、ユミに「何これ?」ってな顔をされる。

お弁当がじょうずな人は話題になる。話題の人のお弁当はどんなものかと、わざわざぼくらの昼食会に来てもらったことがある。なるほど敷物いっぱいに並んだ料理の数々は壮観である。これぞお弁当、これぞピクニックである。ぼくには敷物を料理で

埋めるなんてことはとてもできない。手の中のお弁当箱の中を埋めるだけでもたいへんなのだから。

旧山手通り沿いにあって眺めはいいけど、とても小さな公園である。真ん中にある芝生には、そんなにたくさんの人は入れない。それでもお昼休みの時刻になると、様々な人がやって来る。ネクタイをしめたサラリーマンが、あれよあれよというまにパンツになって日向ぼっこをはじめたりする。すっかり背中を露出させて日光浴している女性もいる。誰がつくったのか、お手製のお弁当をひとりでもくもくと食べているサラリーマンもいる。ちゃんと敷物も持ってきていて、なんだか微笑ましい。東京にはお弁当を外で食べるサラリーマンがこんなにたくさんいる、と誰かに自慢したくなる。

しかし、昼の西郷山公園で印象的なのは子供たちである。隣にインターナショナル・スクールがあるせいか、外国の子が多い。母と子のあいだには、少ない単語で夢のような橋がかけられている。そこを何度も渡ってぼくも大きくなってきたのだ。今この橋は、異なる人種のあいだにかけられた橋でもある。日本語で育った母が、子を英語で育てている。幼児の足のように短いセンテンスの言葉たちが、芝生の上を明るくかけまわる。

西郷山公園はぼくらの毎日の旅先である。

江ノ電が走ってる

江ノ電に乗るために、藤沢駅のロッテリアで待ちあわせをした。ふだんはあまり食べないのに、思わずかき氷を注文するほどその日は暑かった。今年は梅雨が明けると、暑い日が横綱の白星のように連日続いた。やがて加川良がやって来て、どんとが汗だくで到着した。七月の最後の水曜日、ぼくたちはポスター用の写真撮影のために藤沢から江ノ電に乗った。

今までぼく以外の仕事はしなかったのに、はじめてポスターの仕事を引き受けて、小野由美子は乗物に乗っている三人を思い浮かべた。どんとがたまたま江ノ島にいたので、ぼくたちは江ノ電に乗ることにした。通勤電車を思い浮かべていたが、市電みたいな車両をつないだ見るからに楽しそうな電車だった。撮影という気分は吹き飛んで、ぼくらはみんな観光客と化していた。

運転区間は短いのに、江ノ電は遠いところまで連れて行ってくれる。品川から一時間以内の海辺を走っているとはとても思えない。おまけに電車はひと駅ごとに、時間

を過去に逆上って行くようだ。ぼくが小学生のころに見たモダンな家が、右に左に増えていく。

極楽寺という駅で電車を降りた。駅の横を小川が流れてる。なんだかすごく田舎に来たみたいだ。境内は撮影禁止なので、極楽寺は見物だけした。アイスキャンディーをなめながら、古いお堂の縁側にすわっていたら、ぼくたち三人とも今のまま、子供のころに写した写真になった。わいわい撮影していたら、さっきまでぼくたちがいた縁側に、おじいさんがいて煙草を吸っていた。

鎌倉高校前という駅で降りたら、海がすぐ目の前だった。鎌倉からの車は数珠（じゅず）つなぎで、ボタンを押しても信号はなかなか変わらない。海辺に寝そべっていた人たちが、背中に砂をつけたまま道路に上がって来た。こんなところに住みたいね、というつぶやきの、先回りみたいにマンションが建っていた。道路の際に看板がたっていて、その半分くらい板が抜けていた。抜けて何もなくなった看板の中で海をバックにして三人並んだら、それがけっこう絵になって、結局ぼくらは海には下りなくてもよくなった。そのまままた江ノ電に乗って、はじめの藤沢に戻って行った。

右に左に揺れながら、通路のせまい江ノ電が、日傘をさして走ってる。

神戸、二月

ホテルで朝刊を広げると、オウム関係の記事がほとんどない。一九九五年六月の神戸にやって来たけど、ここではまだ地震のことが生々しい。このままオウムのことが消え去れば、神戸だけそんな事件はなかったことになるかといえば、やはりそういう訳にはいかないだろう。地下鉄サリン事件があったときは神戸でも大きく報道されただろうけど、切実なのはやはり地震のことなのだ。長田に住む友人に電話した。子供が今でも夢でうなされるという。コンサートに来るように誘ったけど、子供を置いて家を離れるのはまだ無理みたいだ。

二月に訪ねたとき、彼女は三人の子供たちを連れて疎開していた。彼女のダンナだけ神戸に残り、市役所の職員としての仕事で奮闘していた。彼女のダンナは光玄という歌手なのだが、市職員としての彼をそのときはじめて見た。普段はしないようなきつい仕事を昼も夜もこなしている彼の姿には、飲んだくれて歌っているときのような人懐っこさはみじんもなかった。もしかしたら彼を疲れさせ攻撃的にしていたのは仕

事などではなく、孤独だったのかもしれない。人をなくし街をなくした彼は、同時に自分の愛していた歌もなくしたのだ。そう、彼は長田ばかりを歌っていた。どこの街に歌いに行っても、歌うのは長田の街と彼の生活のことだった。「もう、歌う歌がなくなってしもたがな」、ほんの一瞬いつもの笑顔が戻った気がしたが、それはぼくの緊張感まではほぐしてくれなかった。

　妙に空間だけが残った焼け野原をユミと歩きまわった。寒いからすぐにトイレに行きたくなるが、水が出ないのでビルのトイレには全部鍵がかかっていた。印刷会社の大きなビルだった。中では大勢の人たちが働いていたのに、さぞかし不便だったことだろう。シェイクスピア全集が道端につんであった。崩れ落ちた古本屋の前だった。散乱した本を手にとって眺めていたら、「欲しいのがあったら持って行っていいよ」と主人らしい人に言われた。その日、地震から四十日ぶりに光玄の住む団地に電気がついた。まるでそのお祝いみたいにみんなですき焼きを食べた。でも本当はぼくたちの訪問を、電気以上にみんなが喜んでくれたのだ。部屋が明るかったのはそのせいみたいな気がする。被災地ですき焼きを御馳走になったことは、その後語り種になっている。

沖縄にしかない話

ひめゆりの塔は、どんともユミもはじめてだという。入口でアカバナー（ハイビスカス）を買って、戦争の犠牲となった少女たちの霊に捧げる。ぽっかりと口を開けた深い自然の穴の中で、少女たちはどんなに嫌な日々を送っただろう。資料館の中に建てられた穴の模型の前で、その日々を体験した女性がいて話していた。どんなに絶望的な状況でも、彼女たちは若いから何かを待つことができたのかもしれない。壁に貼りだされたたくさんの犠牲となった少女たちの写真は、その死の直前に写されたものではないにしても、瞳には未来が生きていた。当時の沖縄の人たちは、死に神に手を引かれて生きていた。

建物から外に出るたびに、ぼくらはさえぎるもののない光の中にいる。もしも空に敵がいたら、地面にもぐるしかないだろう。そんなことを思いながら、ぼくらは那覇へ戻る道をドライブしていた。さえぎるもののない光の中で、ぼくらの短いドライブはくるくると何重にも輪になった。あんな光の中に家を建て、海を庭だと思って生活

がしたい。誰もいないのに音がする、自然の動きに耳を奪われたい。

沖縄連続二年目のユミは、朝起きるとひとりで牧志公設市場まで行って、ゴーヤのジュース、クィクィを買って来る。氷水で冷やしてあって、これがたまらなくうまい。夕方になるともう売り切れている。沖縄にしかない飲み物は他にもある。街角のコーヒースタンドを見かけたら、ミキがあるかどうか見るといい。ぼくが子供のころよく飲んだ、おもゆみたいな味がする。茶色いのはゲンマイという。たぶん玄米で作るのだろう。どちらもほんのり甘く、どろっとしている。

沖縄民謡に興味があるなら、マルフク・レコードを知ってるだろう。沖縄にもう古くからある、自主独立路線のレコード会社だ。どんとはぼくらの沖縄の思い出に、お気に入りの民謡のカセットをプレゼントしてくれた。「しましょうね」という言い方も、沖縄にしかないですね。うっかりつられて「そうしましょう」と言いそうだけど、これは誘っているのではありません。「しますね」ということ。「今年もまた、沖縄に歌いに行きましょうね」。質問のときは逆に「しようね」なので、つい「はい」と答えてしまいそう。「今年もまた沖縄に歌いに行こうね」

2000年代

『ニューヨークの半熟卵』（2003年）より

プリマスミーティングの旅（1995.8）

一九九五年の夏、ユミと二人でフィラデルフィア・フォーク・フェスティバルに行った。朝ニューヨークをバスで出発したぼくらは、フィラデルフィアから電車で二十分のノリスタウンまで自力で行き、駅でフェスティバルが開かれている町プリマスミーティングからの迎えの車を待っていた。日曜日の駅の待合室は閉まっていて、駅前の駐車場にも一台の車もなかった。首から下げたユミのカメラのレンズに青空が映っている。白黒フィルムなのに変だな、と言いかけたとき、デイブが手配してくれた車がやって来て、ぼくらをフェスティバルの会場まで運んでくれた。

アメリカやカナダでは夏になると、たくさんのフォーク・フェスティバルが開かれている。その中でもフィラデルフィア・フォーク・フェスティバルは規模が最大で、三日間で十五万人も来ると聞いていた。メインステージの他に、会場にはいくつかの小さなステージがあって、その一つでは誰かが反核の歌を聴衆と合唱していた。ぼくたちはデイブ・ヴァン・ロンクに頼んであったので、入口で関係者のパスをもらえた。デイブもその日の出演者だった。広大な会場の一角にはフォークソング関係の売店が集まっていて、そこでは手作りの楽器やシングアウト誌なんかを売っていた。たしかマーチン・ギターも出店していたと思う。デイブがぼくをそのフェスティバルに誘ってくれたのは、デイブがギターワークショップを担当するからだった。ぼくがデイブにギターを習いたがっていたので、誘ってくれたのだろう。

ぼくたちが到着したのは、フェスティバル二日目の夕方だった。夕方の部の最初に登場したのはトム・ラッシュだった。トム・ラッシュはジョニ・ミッチェルの曲や、自作の「ドライビング・ホイール」などを演奏した。七〇年代のシンガーソングライターたちに夢中になった人なら、彼の名を知らないはずはないだろう。彼の太くて甘い声は今でも健在だった。ケーブルが不調でギターの音が何度も途切れたが、「辛抱、辛抱」とギターに話しかけながら歌っていたのがよかった。

次にザ・バンドが出てきた。ボ・ディドリーが急に入院をしたので、その代わりだという（このときはまだリック・ダンコが生きていたんだな）。「メイク・ノー・ディファレンス」を聞きながら、この人の独特の節回しが好きだと思った。「ウェイト」は出だしのギターのフレイズがロビー・ロバートソンとちょっと違ってた。やっぱりオリジナルのあのフレーズでなくちゃ、と思った。

　前日のココ・テイラーは圧巻だったと、ぼくたちを迎えに来てくれた男が車の中で話してた。ココ・テイラーは非常にエネルギッシュな歌い方をする黒人の女性で、ぼくもニューヨークのライブハウスで一度聞いたことがある。ぼくたちの知り合いが東京の老人ホームで働いていて、そこに住んでたおじいさんが、ココ・テイラーをヘッドフォンで聞きながら死んでいったという話を聞いたことがあって、ずいぶんパンチのきいたおじいさんだなと感心したことがある。日本にもそんなおじいさんがいたんだな、とうれしかった。

　ぼくたちが関係者席でお茶を飲んでいると、客席では民族大移動がはじまった。清掃の時刻になったのだ。ザ・バンドで夕方の部は終わり、場内をきれいにしてから夜の部がはじまる。目の前の巨大なスクリーンで、『シャイアン』という西部劇を見ているようだ。西へ西へと追われるネイティブ・アメリカンたち。ほうきを手にした騎兵隊に追い立てられていく。

　夜になって雨が降りはじめ、ぼくたちはメインステージの横のテントの下に避難した。デイブ・ヴァン・ロンクのステージがはじまるときに、もう一度客席の方に移動した。この日のデイブは放心した子供のようで、ステージでもよく喋ったし演奏もよかった。「ノーバディーズ・ビジネス」の後、デイブは「アイム・プラウド・トゥー・ビー・ア・ムース」という子供向けの歌を歌った。

動物たちはぼくを見て笑う
本当は何になりたかったんだい
だからぼくはこう答えるのさ
今のままでいたいって

ムースでけっこう
ムースが最高
君にもきっとわかるだろう
ぼくがムースでしあわせだって

アヒルや犬よりムースがいい
鷹やかもめやおたまじゃくしよりも
鳥は空を飛べるけど
ぼくみたいな耳は持っていないだろ

魚になんかなりたくない
牛になってどうするんだ
ためしにがちょうになってみな
ムースがよかったって思うだろう

ノウサギなんてごめんだね
ライオン、虎、ペンギン、熊
川を逆上る鮭の気が知れない
ぼくがどんなにしあわせか知らないだろう

ムースでけっこう
ムースが最高
君にもいつかわかるだろう
ぼくがムースでしあわせだって

（デイブのあだ名はムースだった。デイブが一番なりたかったものはムースだったから。ぼくがそのことを知ったのは二〇〇二年三月、デイブの告別式のときだった。フイラデルフィア・フォーク・フェスティバルで、デイブがこんな歌を歌っていたなんて。だからぼくはこの歌は、デイブのための歌でもあると思う。）

デイブはこの夜、全部で六曲歌った。歌い出しで一番歓声が大きかったのは、「グリーン・ロッキー・ロード」だった（この曲はデイブの告別式でも流れていた）。この夜で一番興味深かったのは「朝日の当たる家」だった。デイブはこの歌を一九六二年から歌わずにいたという。それはデイブがアレンジしたこの歌を、ボブ・ディランがデビューアルバムでデイブよりも先に録音してしまったからだ。後でデイブも同じアレンジで録音したが、誰からも「ボブ・ディランの『朝日のあたる家』だね」といわれるのがつらくて、ライブで歌うのをやめてしまったのだという。その後二、三年して、アニマルズの「朝日のあたる家」がヒットしたときに、「アニマルズの『朝日のあたる家』だね」といわれる方がずっと気が楽だったと笑っていた。

ずっと外にいて、ぼくの鼻の穴の中は土埃で真っ黒だった。鼻をかんだとき、子供のときの運動会を思い出した。ユミは、雨でたるんだテントのように疲れ切っていた。もうニューヨークに戻る手段はとっくになくなっていた。ぼくたちはデイブの奥さんのアンドレアに頼んで、デイブたちと同じモーテルを予約してもらった。ユミはモーテルがはじめてだったので、一人でずいぶん浮かれていた。晩御飯は何も食べていなかったのに、ユミはそのまま眠ってしまった。ぼく一人近くのショッピングセンターに、ノリスタウンを通るバスの時刻表を見に行った。とてつもなく大きなショッピングセンターで、海で沖に流されて、いくら泳いでも岸に戻れなくて心細かったときのことを思い出していた。レストランも映画館もみんなとっくに閉まっていて、海の中みたいな暗闇の中を歩いていたら、自分が映画の中の犯罪者のように思えてきた。そしたらまるでぼくが呼んだみたいに、パトカーが近づいて来た。アメリカで職務質問なんてされたことがなかったから、ぼくは映画の逃亡者気分。こちらが手ぶらだってわかっているのに、相手は心の中で銃をかまえている。質問されたことに答えてはみるけれど、どうもうまく伝わらない。あまりのぼくの無力な様子に、そのうちパトカーも行ってしまった。プリマスミーティングみたいなへんぴな所じゃ、人が歩いているのがとてつもなく奇妙に映るんだ。ひっきりなしに車が行き交う真夜中の国道を一人で歩いていると、自分が車じゃないってことが身にしみる。

ニューヨークでレコーディング（1996.3）より

レコーディングは四月三日からはじまった。場所はダウンタウンにあるカンポ・スタジオで、デイブ・ヴァン・ロンクが勧めてくれたところだった。彼のそこで録音された自分のアルバムが、今年のグラミー賞のフォークソング部門にノミネイトされた（でも受賞したのはランブリン・ジャック・エリオットだった）。エンジニアも彼のアルバムと同じアーサーという人だった。カンポの機材は十年以上たったものばかりでとても古かったけど、アーサーには使い易かった。彼はカンポで何回も仕事をしたことがあったからだ。主にリズム録りをした二階のスタジオでは何の問題もなかったけれど、ダビングに使っていた三階のスタジオでは、スタジオを変えたくなるくらいのトラブルが何回もあった。機械が故障している間の料金は加算されないし、そんなことがあると何時間分か引いてくれるので最後まで我慢したけど、沈没する船から逃げられなかった鼠になったような心境だった。

アーサーは贅沢なレコーディングもたくさん経験しているけど、ぼくのはそうではないことを十分によく知っていた。だからいつもスタジオ代が少しでも安く上がるように気を配ってくれた。録音テープもスタジオで買わないで街で買うことを勧めた。ぼくたちはアンペックスの二十四トラックのアナログテープを、ブロードウェイの電気屋に買いに行った。スタジオからたった五分歩くのに、ぼくたちは何カ月か前に殺人事件があった交差点を渡り、映画の撮影でダンスホールに使われたというレストランの前を通った。アーサーが言うように、ニューヨークは本当にドラマチックなところだと思う。電気屋でぼくらはテープが何本必要かと考える。今までぼくはそういうことを人任せにしていたようだ。テープは当然スタジオにあるものだと思っていた。はじめて自分たちで買ったテープを手分けしてスタジオに運ぶとき、これから自分たちのパーティーをはじめるんだという実感がわいてきた。そしたら重かったテープの一本一本が高級なシャンペンのように思えてきたんだ。

フランク・クリスチャンはソロのシンガーソングライターだ。普段は誰かのレコーディングに参加してギターを弾いたり、生徒にギターを教えたりしている。デイブ・ヴァン・ロンクはフランクのギターと音楽的なセンスを絶賛する。フランクの部屋でリハーサルをするたびに、ぼくも彼のギターに聞きほれていた。どことなく雰囲気は中川五郎に、ギターは有山じゅんじに似ている。ぼくは彼のソロアルバムを一枚だけ持っていて、ニューヨークに行くなら彼とやりたいな、と密かに思っていた。だからいきなりデイブ・ヴァン・ロンクにフランクを紹介されたときは、自分の目と耳を疑った。彼は三枚目のアルバムをレコーディング中で、その合間をぬってぼくのレコーディングのプロデューサーをしてくれることになった。

フランクの紹介してくれたミュージシャンたちのうち三人が、誰かのツアーで日本に来た経験があった。どこでやったの、と聞かれても、みんなほとんど答えられない。毎日のスケジュールがタイトで、のんびりする時間がとれなかったからだという。でもみんな京都の「磔磔（たくたく）」だけはよく覚えていた。あの壁にかかったたくさんの看板が印象的だったらしい。「磔磔」の壁にはたくさんの手描きの看板が今もかけられている。看板には過去に出演したブルースのミュージシャンたちの名前が描かれている。日本に来たことがあるという三人は、きっとその中の誰かのバンドメンバーとして来たのだろう。日本にまだ来たことのないフランクは、その話を興味深そうに聞いていた。彼はヨーロッパには演奏で度々行ったことがあるけれど、日本にはまだ行ったことがないと言っていた。彼の部屋には分厚い世界地図帳があって、それでときどき旅をするだけだという。ぼくは東京のページを開いてぼくとユミが住んでいる街を指さした。ぼくたちが住んでる東京で、きっと演奏したいと思っただろう。

レコーディングのはじまる日、約束の十二時にスタジオに行ってみると、ベースのティム以外全員集合していた。ティムは「朝は苦手だ」と言いながら十五分ほど遅れてやって来たけど、それ以後は一回も遅刻をしなかった。練習でもレコーディングでも、日本だとよくミュージシャンの遅刻に悩まされる。肝心のぼくが遅れることもざらにあった。なんだか時間通り行くことを敬遠しているみたいだった。なのにぼくのレコーディングに参加したニューヨークのミュージシャンたちは、約束の時間の前にやって来てぼくたちを待っていた。エレベーターのドアがあくともうみんなそろっていて、ぼくは何回ばつのわるい思いをしただろう。

月曜日、いつものようにスタジオに行く準備をしていたら、台所のカウンターの上にのっていた新聞の片隅に目がとまりぞっとした。日曜日の午前二時から夏時間に変わったので時計を一時間進めるように、と書いてあった。ということはぼくは完全に遅刻なのだ。朝食の後片付けもせずに、ぼくとユミはすぐ近くの大通りからタクシーに飛び乗った。スタジオに着くとやっぱり三十分以上遅刻した。フランクもついさっきそのことに気がついて、大急ぎでぼくたちに電話したらしい。でもぼくたちはもう大慌てで出た後だった。「どうして夏時間があるのかしら」と受付の女の子が聞く。「お日様を有効に利用するためさ」とフランクが答える。「たぶんあのオイルショックのときからじゃないかなあ」。そういえば思い当たることがあった。日曜日はイースターだった。ぼくとユミはあまりよく知らない人から、ハーレムのアポロシアターで行われるイースターのイベントに誘われていた。それが朝の九時から十一時までだというので、少し遅れて十時ごろ行ってみたら、あっというまに終わってしまったのだ。その日の朝時間が変わったことを知らなかったぼくたちは、劇場に十一時ごろ着いたのだ。牧師の演説が終わりかけていて、その後ファンキーなハレルヤを聞いただけだった。雨がしょぼ降るハーレムで、ユミはハレルヤコーラスのソウルフルなアレンジに腹をたてていた。ぼくたちはまる一日以上、冬時間のままでいたことになる。

スタジオでレコーディングがあるときは、夜中に帰るまでスタジオから一歩も出ない。スタジオでの唯一の楽しみは、夕方に頼む晩飯の出前だ。日本と同じようにスタジオには出前のメニューがそろっている。日本食からベトナム料理まで、世界中の料理がスタジオから一歩も出ないで食べられる。中華料理、イタリア料理、インド料理、メキシコ料理といろんなエスニック料理を食べ歩いたけれど、最後は結局アメリカンスタイルのありふれたサンドイッチに落ちついた。やっぱり彼らにはこれが一番いいらしい。ぼくたちはアーサーがよく食べていたトルコ風のサンドイッチ、ギロ(ジャイロ)に夢中になった。具には牛ではなくマトンの肉がはさまっている。セントラルパークでもコニーアイランドでも、ぼくたちはおなかがすくとギロを探した。野菜も全部入れてもらって、口にほおばるたびに手が油だらけになる。

一日中スタジオにいて、彼らはこの食事のときしか休まない。体力が違うのか、曲と曲の間にも休憩を入れない。だから一日目なんか六曲のリズム録りが完了してしまった。食事の後ぼくが動かないでいると、「いったいいつはじめるんだ」と聞きに来る。彼らには食後の休憩というものが無用らしい。ぼくが「おなかがいっぱいで歌えない」と言うと、スタジオ代がもったいないからと、別のことをはじめてしまう。ミックスが朝までかかっても、フランクは気を緩めない。前の日にフィラデルフィアで自分の録音をしていて、そのままスタジオに来たときだって、適当に冗談を言いながらあくびひとつしない。やがて作業が終了すると顔に年齢を取り戻す。かさかさに乾いたフランクの皮膚は、緊張を解いたとたん皺になる。ぼくの精神の集中力は、夜中になるとフランクに完全に負けていた。

フランク・クリスチャンの部屋には春が来ても、床には一セント硬貨が冬から散らばったままだった。流しには汚れた鍋や食器がほったらかしになっている。それでも十四年以上住んでいるという彼の部屋は居心地がいい。部屋は四階建てのビルの最上階で、天井には天窓がついている。窓際にはベッドがあって、窓はたいてい開いている。窓の外に見える木ががさがさ揺れるので、リスが来たのかとフランクは窓に走り寄る。木を揺すっていたのは仕事中の庭師だった。フランクは「はじめまして」と庭師にあいさつをする。ほうっておくとラジオから、勝手にバイエルン地方の音楽でも流れて来そうな、フランクの居間兼ベッドルームには、ボヘミアン的な雰囲気が満ちている。

デイブ・ヴァン・ロンクは週末ごとにどこか遠くに歌いに行っていてなかなかスタジオに来られなかった。ぼくはいいチャンスだから、彼と一曲何か録音したいと思っていた。最初ぼくは「コカイン・ブルース」を英語でやろうかと考えていた。ジャック・エリオットが日本に来たとき歌っていたのをぼくは覚えていた。デイブにそのことを話したらなんと、サビのところだけでも一緒に日本語でやろうではないか、と言いだした。ぼくが日本語に訳したらそれを自分も歌うというのだ。さっそく日本語に訳して日本のレコード会社にファックスしたら、日本語の「コカイン・ブルース」はメジャーでは発売できないという返事がきた。ぼくが代案を思いつかないでいると、「デイブに歌ってもらうんだったら自分の歌にしたら」とユミは言うのだった。それでぼくは自作の「灯台」の最後の部分をローマ字にしてデイブに歌ってもらった。で、「コカイン・ブルース」をやれなくなって、デイブはがっかりしたみたいだった。

彼は代わりに「キャンディマン」を持って来た。これも「コカイン・ブルース」と同じ、ブラインド・ゲイリー・デイビスの曲だった。結局ぼくはデイブと二曲一緒にやることになった。

デイブ・ヴァン・ロンクはゲイリー・デイビスの曲をたくさん歌っている。「フォークシティ」というカフェがグリニッジビレッジでフォークシンガーたちのメッカだった一九六〇年代のはじめ、ゲイリー・デイビスはまだそこにいた。彼は酒飲みで、酔うとよく「コカイン・ブルース」や「キャンディマン」を歌ったらしい。でも彼は牧師だったので、正式にはそれらの曲をレコードには吹き込めなかった。デイブが言うには、もしレコードになっているとしたら、ゲイリー・デイビスが酔っぱらっているときに誰かがこっそり録音したものだという。麻薬やセックスを歌っている「コカイン・ブルース」や「キャンディマン」は悪魔の歌だったので、聖職にある歌手には禁じられていたのだ。

その「フォークシティ」に、フランクがぼくたちを連れていってくれた。それはレコーディングに入った最初の夜だった。たぶんフランクはお祝いのつもりだったのだろう。かつての「フォークシティ」は、今はただの酒場になっていた。「フォークシティ」が一九八五年に閉店するまでの何年間か、フランクは最も期待された出演者の一人だった。彼はニューヨーク大学でみっちり音楽と文学を勉強した後、そこから何メートルも離れていない「フォークシティ」に引っ越しをしたのだ。カウンターにはフランクの飲み仲間たちが陣取っていたけど、店内のどこにも当時を思わせるものは残ってはいない。一九七四年にぼくはここで、一曲歌ったことがあった。それだって本当なのかどうかもうわからない。ボストンのビール、サミュエルアダムスを飲みながら、ぼくはそこを昔の「フォークシティ」と結びつけるのを諦めた。ユミは最初からスコッチをストレートで飲んでいた。ユミは一番年下だったのに、そのせいでみんなからビッグボスと呼ばれることになった。

マスターリングのことで迷っていたときに、ぼくらはオスカー・ブラウンという人に会った。ぼくらのレコーディングがスタジオの機材の故障でたびたびストップすると彼に言うと、いざというときのためにいくつかのスタジオを紹介してくれた。ぼくらに彼を引き合わせたのはヒビくんという日本の若者だった。彼は日本で役者をやっていたけど、映画がやりたくてニューヨークに来たという。そのヒビくんをぼくらに会わせたのが、写真家のロバート・フランクだった。ヒビくんがロバート・フランクの家に遊びに行っているときに、ぼくがたまたま電話をかけたのだ。前から借りっぱなしのカセットテープをぼくは返そうと思っていた。でもロバート・フランクはそんなことは忘れているみたいで、かわりにぼくたちが日本から送ったユミの写真集をほめていた。「写真集よかったよ、奥さんによろしく」と言っていた。電話で少し話しただけなのに、翌日ヒビくんはスタジオに遊びに来た。

オスカーは以前は日本にもいたこともあるという。今はダウンタウンに自分のスタジオを持っていて、曲を作ったりいろんな企画のプロデュースをしたりしているようだ。彼はいろんなスタジオに顔がきくようだ。ソニーのマスターリング・スタジオを彼の名前で予約してくれた。マスターリングをしたのはぼくらの帰国の前日だった。ニューヨークのマスターリング・スタジオはどこも夏発売のアルバムのためにふさがっていて、調べた中では一番高かったけど、ソニーでマスターリングをしてから帰ることにした。実はこのレコーディングにはもう一人の助っ人がいた。ケンジくんはどこからともなくやって来て、ノーギャラでアーサーのアシスタントをしてくれた。ぼくがマスターリングのことで迷っていたとき、ケンジくんは全部済ましてから帰った方がいいと勧めてくれた。

マスターリングの最後の仕上げをしている間、ぼくたちはソーホーのはずれの酒場でフランクやアーサーたちと酒盛りをしていた。フランクがぼくたちのために用意したお別れパーティーだった。オスカーもコーヒーでぼくらにつきあっていた。シリアスなことを話すので酔っぱらっているのかと思ったら、酔っぱらっていたのは聞いているぼくのほうだった。ベースのポールがふらりと現れて、今夜レス・ポールと一緒に仕事をしていたら、聞きに来ていた日本人が友部のファンだと言っていたよ、と目を丸くしていた。ユミはビールを飲んでいたのに、フランクにスコッチを勧められて断りきれなかった。ただ一緒にレコーディングをしただけなのに、いつのまにかぼくはみんなと別れがたい気持ちになっていた。できればそのままそこにいて、次のアルバムを作りたかった。

ほとんど何のあてもなく来たニューヨークなのに、みんなのおかげでぼくは一枚のアルバムを完成することができた。思い出そうとしなくてもぼくの中からあふれてきて、今もぼくを同じ心境にさせるものがある。何と呼べばいいのかわからないけど、思いついただけではなくて実際に体験しなくてはあふれて来ないはずのものなのだ。それをたどって行けばぼくたちのしたすべてのことがまた新鮮によみがえる。ほんのしばらくの出来事の間に、ぼくの心はフランクやデイブたちのいるニューヨークに住み着いてしまった。こうして東京にいる瞬間にも、ニューヨークに住み着いてしまった心が話しかけてくる。ぼくたちは毎年行き来することで、東京とニューヨークを近づけてきた。今回その距離がなくなって、重なった部分でまた夢を見はじめている。

ぼくは自分を小包にして
未来に向かって発送したよ
ニューヨーク１９７４

未来はぼくを受け取ると
受取書にサインしたよ
ニューヨーク１９９６

自分の川が歌いながら

足元から流れだしたよ
ニューヨーク１９７４

たぶんぼくはふりかえる
ふりかえりながら歩いて行くよ
ニューヨーク１９９６

自分の川が歌いながら
足元から流れだしたよ
ニューヨーク１９９６

実際日記（1997.7）より

その二日後の日曜日、ぼくたちはパルメット・レコードでフランク・クリスチャンと会い、近くの「ケトルオブフィッシュ」という酒場に飲みに行った。そこは昔「フォークシティ」だった場所だが、今はそのころの面影はない。一九八五年に閉店するまでの最後の数年間、フランクは「フォークシティ」の人気者だった。スザンヌ・ヴェガともそのころ知り合い、一時は一緒に暮らしていたこともあるようだ。彼はナッシュビルに行く計画をたてていて、そのためにもう自分のアパートはイギリス人に貸してしまったという。ナッシュビルに行くまでは宿無しのフランクは、パルメット・レコードや友だちのアパートに寝泊まりしているらしい。ぼくが彼と作った曲の題は「放浪者」という。ちょうどそのときのフランクみたいなのでおかしかった。ぼくたちはその曲をペンシルベニアの彼のレコード会社のスタジオで録音した。パルメット・レコードの社長はマットといって、彼もやっぱりギターリストである。ペンシルベニアの自分の家の敷地に建っていた古い納屋を改造してスタジオを作った。マットもぼくもフランクも同世代で、スタジオの名前が「マギーズファーム」というのだから笑ってしまう（マットの奥さんの名前のマーガレットがスタジオの名の由来だということはずっと後で知った）。五千坪もある敷地が、夜になると蛍の海になる。昼に外のテーブルで食事をしていると、すぐ近くの林に野性の鹿が家族でやって来る。マンハッタンから車で二時間、そこには都会とはまた別の眠りがある。

七月二十一日、ぼくとユミはジョージ・ワシントン・ブリッジに、西岡恭蔵の奥さんのクロちゃんの遺骨を持ってでかけた。七十二丁目から地下鉄に乗り百八十一丁目まで行ってそこから橋まで歩いた。そのあたりは英語を話してる人がほとんどいない。みんな褐色の肌をしていて、どちらかというとぼくたちに近い。マンハッタンでは珍しくベランダに洗濯物を干している。白人はマクドナルドで見かけた警官ぐらい。聞けばドミニカ共和国あたりの人たちが多いらしい。カリブ海のかおりのする歌詞をたくさん書いたクロちゃんにはぴったりの場所ではないか。マンハッタンとニュージャージー州の間を流れるハドソン川にかかるジョージ・ワシントン・ブリッジの上では、自分たちが蟻のように見えてくる。橋があまりにも大きいので、いくら歩いても前に進んでいるのかどうかわからない。ニュージャージー州の青い森、マンハッタンの摩天楼、ぼくたちは橋の真ん中で、ぬるくなった麦茶を飲んだ。どこの骨か想像しながら、クロちゃんの骨をハドソン川に投げた。風は吹き飛ばされそうなくらい強かったけど、クロちゃんの骨はまっしぐらにハドソン川に飛び込んで行った。それはまるでクロちゃんが、橋の上から自分で飛び込んで行くみたいだった。ぼくたちは大声で「アフリカの月」のメロディを口ずさんだ。少し残った小さな骨は、別の場所でまくことにした。ペットボトルのなかにまだ残っていた麦茶を川にまいた。ぼくたちは映画『コールド・フィーバー』を思い出した。あれは酒だったけど。ぼくたちはそれでもお弔いができると思った。すっかり終わって足元を見ると、ハドソン川になったクロちゃんが流れていた。ぼくらは橋の欄干に鉛筆で、「これはクロちゃんの川」と書いてきた。

次にぼくらがしなくちゃならなかったことは、セントラルパークの土を日本に送ることだった。ニューヨークの土を混ぜて、クロちゃんの骨壺を作りたいというので。そこで二箇所で集めた土を一緒にして、陶芸用の土と書いて郵便で陶芸家の天野さんのところに送った。心配だったので電話をしたら、土は無事に届いたそうだ。いくら高温で土を焼いても、土の中に混ざっていた種が芽を出して、骨壺を割ってしまう、そんな夢を見た。

七月三十日、ぼくたちはクロちゃんの残りの遺骨を持って、今度は自由の女神のあるスタチューアイランドに渡った。バンダナにくるまれていた小さな骨は、自由の女神の足元に沈んでいった。マンハッタンに戻る船の乗船口で、ぼくは船員からともづなを持たされた。ぼくが心配そうに立っていたので、誰かを待っているんだと思われたのだ。ぼくにともづなをあずけたのだから、出航時間のことは心配するなというわけだ。ぼくは船が苦手なユミを、ただ心配していただけだった。ともづなを持ったまま困っているぼくを見て、ユミはそばで笑ってた。観光客がいるだけの小さな島が遠ざかる。マンハッタンにはそっぽを向いて、自由の女神が片手を上げたまま立っている。ぼくにはそれがクロちゃんが、ぼくたちにさよならをしているように見えたんだ。

八月四日、ぼくたちはボナンザバスでマサチューセッツ州レノックスに行った。タングルウッドであるボブ・ディランのコンサートを見るためだった。チケットマスターで行き方を聞いて、ポート・オーソリティー・バスターミナルからバスに乗った。どの雑誌を見ても、タングルウッドでのボブ・ディランのコンサートのことは何も載っていなかったので、ちょっと心配しながら（ぼくは日本で菅野ヘッケルさんから聞いていた）。小さな避暑地、レノックスはきれいな村だった。観光案内所で紹介してくれたペンションは断ってしまった。コンサートのある日は少し高くなるということがわかったから。そのペンションのジョンさんが、村にあるもう少し安いところを紹介してくれた。イタリアンレストランの二階で、そこの方が台所もあって広かった。

コンサートは夕方六時からで、BR5-49というナッシュビルのブルーグラスのバンドとアニ・ディフランコが前座だった。タングルウッドのシェドは巨大な野外劇場で、周囲の芝生の部分は十六ドル、真ん中の屋根のあるところは二十四ドルだった。開演前から雨が降り始め、それが次第に激しくなって、芝生の人たちはみんなびしょ濡れになっていた。アニ・ディフランコは大変な人気で、少年少女が多かったのも彼女のせいかな、と思った。少年少女たちは椅子の上に立ったり、マリファナを吸ったりして、中年のボブ・ディランファンたちのひんしゅくをかっていた。クラシック音楽用の会場のせいか、警備の職員もみんなおだやかなおばさんおじさんたちで、前まで行こうとした人たちも争おうとはせず、素直に規則に従っていた。ボブ・ディランは約十二曲を歌い、アンコールの最後は日本に来たときと同じ「雨の日の女」だった。エレクトリック～アコースティック～エレクトリックという構成も同じで、真ん中で「コカイン」を歌った。アメリカ人のボブ・ディランの受け入れ方は熱狂的で、日本と比べると信じられないくらいだ。コンサートの終盤でやっと雨も上がり、村まで歩く帰り道、ぼくたちを追い抜いて行く車のカーステレオからは、いろんな時代のディランの曲が流れてきて、彼らの興奮と満足が手に取るようにわかった。タングルウッドから二マイルのレノックス村まで歩いて帰るのは、ぼくたちを含めてたった十人ぐらいしかいなかった。おそらくインターネットの情報のみで、一万もの人たちが集まったことと、その人たちがみんな遠くから車でやって来たということは、ぼくの想像をはるかに越える出来事だった。

ニューヨークを十分な熱湯に（1997.12）より

ニューヨークはぼくにはまだ十分な熱湯ではない。飛び込んでもまだ半熟にもなりはしない。ぼくは生と半生を繰り返す。まだ殻をむく時期ではない。トライベッカの本屋で、ベネズエラとチリとドミニカ共和国の詩人の朗読会があった。会費は無料だった。詩はスペイン語と英語の両方で朗読された。でもぼくには、英語もスペイン語とおなじぐらいわからなかった。二年半ぶりにボブ・ホルマンに再会した。彼はぼくらのことをちゃんと覚えていた。「ニューヨリカン・ポエッツ・カフェ」というところで毎週やっている、誰でも参加できる詩の朗読会を聞きに行ったとき、困ったことにぼくたちは審査員の一員にさせられてしまった。遊びみたいな雰囲気だったのでつい引き受けたけど、朗読する人たちはいたって真剣で、わかりもしない詩に採点をするのが最後まで心苦しかった。そのとき司会をしていたのが彼だった。今でもライブハウスや本屋で、定期的に朗読会を開いているようだ。いつか日本の詩人の朗読会も開きたいと言っていた。「マウス・オールマイティ・レコーズ」という詩のレーベルにも参加していて、精力的に詩の朗読のＣＤやレコードを出し続けている。今年はまず、ウィリアム・バロウズの朗読のＣＤを出す予定だという。次回は絶対訪ねてみようと思っている。

「コーネリアストリート・カフェ」でデイブ・ヴァン・ロンクに会ったとき、ボブ・ホルマンの詩集を見せたけど、彼はまだ知らないと言っていた。ついでにもう一冊、『ビートジェネレーション・イン・ニューヨーク』というガイドブックを見せたら、それは自分も持っていると言っていた。その本には、ジャック・ケルアックやその他のビートニクたちの行きつけの店や住んでいた場所が実に詳しく紹介されていて、彼らの足取りを自分の足でたどれるようになっている。大阪から遊びに来た、『ジャングルライフ』というフリーマガジンのライター、ＪＵＪＵちゃんが持っているのを見て、ぼくも欲しくてユミが外出したついでに買ってきてもらったのだ。だけどその本には、今はなきフォークソングの聖地、フォークシティのことが一切ふれられてなかったのでデイブにたずねたら、ビートニクたちはフォークソングが嫌いだったのさ、と言っていた。それにしてもボブ・ディランだけはここでも特別で、彼が住んでいた二軒のアパートが紹介されている。現在のアパートの住人たちは、そこがディランのすみかだったということを知っているのだろうか。もし知らなかったら、ぼくたちがなぜその前で記念撮影なんかしているのか不思議に思っただろう。この日デイブはぼくを連れて、ディランが最初にビレッジで住んだというアパートの前まで行って、外からどの部屋だったかを教えてくれた。そのころのディランのガールフレンドで、『フリー・ホイーリン』のアルバム・ジャケットにもディランと一緒に写っているスーズ・ロトロは、今でもビレッジのブロードウェイのあたりに住んでいるという。『ビートジェネレーション・イン・ニューヨーク』の「イースト・ビレッジ2」の項を読むと、アレン・ギンズバーグが最後に住んでいたロフトが、ぼくが三年ぐらい前の夏にサブレットで部屋を借りていた、スタイブサント・タウンの真向かいにあることがわかった。彼はそのロフトを一九九六年の秋に買ったのだという。一番街と十四丁目の角にあるマクドナルドの上だとあるけど、ぼくはそこにマクドナルドがあったかどうかは覚えていない。はじめてニューヨークに自分の家を持ち、サルベーションアーミーから中古の家具を買い、段ボール箱から本を出してわくわくしながら本棚に並べているときに、肝臓に癌があることがわかった。そのとき七十歳だった彼は、翌年の四月五日に亡くなった。たった半年ぐらいしかそこには住めなかった。ロフトを買う前、かれはピーター・オルロブスキーと約二十一年間、そこから二ブロック南の通りのアパートに住んでいたという。すぐ近くにいたのに、彼らがニューヨークにいたことすら知らなかった。そういう街なのかもしれない、ニューヨークは。

ニューヨークを十分な熱湯にしようと、ぼくはデイブについてギターを習いはじめた。まだ一回しか授業は受けていないけど。宿題はマンス・リプスカムとエリザベス・コットンだった。ぼくもいつか立派なフォークシンガーになれるかもしれない。デイブのところでは毎週、十五人の人がレッスンを受けている。週末はたいていツアーに出るというから、今でも精力的に働いているわけだ。彼のすぐ近くには、フランク・クリスチャンが住んでいる。彼もギターの教師をしていて、週末はツアーに出たりしている。年齢差はあっても、二人は同じようなことをしている。なのにフランクにはデイブに少し反発する気持ちもある。長い間すぐそばに住んでいるのに、まだ一度も遊びに来たことがないという。フランクはデイブのことをレイジーだと言う。だけど本当は二人とも、お互いにとっても尊敬しあっているようだ。デイブは自分の生徒を、フランクにも紹介しているし、フランクはデイブがカバーした曲を自分のアルバムでも取り上げたりしている。そして二人は密接に連絡を取り合っている。ぼくがデイブにギターを習いはじめたことも、すぐにフランクに伝わっていた。

去年の夏、フランクはちょっと落ち込んでいた。知らない人にアパートを又貸ししてしまい、自分は長いことナッシュビルに行っていた。仕事が思うようにいかないことと、ニューヨークには気の合うミュージシャンがいなくなったのが原因らしい。彼はナンシー・グリフィスの住むナッシュビルに行き、そこでギタリストとしての仕事を探すつもりだったようだ。ナンシー・グリフィスはフランクのギターと歌をこよなく愛していて、何年か前のボブ・ディランの三十周年記念コンサートでも、フランクはナンシーの伴奏をつとめていた。ぼくはそのシーンを見たいためだけに、コンサートのビデオを買った。たまたま遊びに来ていたメグやキンちゃんたちと、ニューヨークのアパートでそのビデオを見た夜がなつかしい。けっこう夢中になって見てしまった。

「時を刻む教会の鐘、路地を走り去る自転車、オーブンの上につり下げられたタオル、恋人と暮らしていたあの部屋にあったものの半分は消えてしまい、半分は今もぼくの心の中……」、これはナンシー・グリフィスも自分のアルバムで歌っている「スリー・フライツ・アップ」というフランクのオリジナルで、この歌はぼくを感傷的にする。普段はあんなにぼくらを笑わせるのに。(フランクはこの歌のように、四階に住んでいる。)

ぼくはフランクの気の合うミュージシャンになりたくて、ニューヨークに行くたびに電話をする。今回はセントラルパークでスケートをする約束をしていたけど、その日が雨で実現しなかった。(ぼくはユミと二人だけで、別の日にリンクに行った。そして大いに転びまくった。)彼はスケートには相当自信があるらしい。普段スポーツなんて馬鹿にしている彼だから、どんなにうまいのか見てみたかった。

ニューヨークで年を取るっていうこと（1998.5）より

　五月十四日にセント・ジョン・ディバイン教会で、アレン・ギンズバーグに「さよなら」と「ありがとう」を言う集会があった。後で出た新聞の記事によると、大きなセント・ジョン・ディバイン教会には二千五百人もの人たちが詰めかけたそうだ。集まったのはアレン・ギンズバーグと同世代の詩人や音楽家たちで、ファンは若い人たちが多かった。司会進行をエド・サンダースとボブ・ローゼンソルがつとめ、何人もの詩人がギンズバーグの思い出を語り詩を読んだ。ギンズバーグの兄ユージン・ブルックスは、自作の「テレスコープ」という詩を司会のボブ・ローゼンソルに朗読してもらった。アン・ウォルドマンは、ギンズバーグの「最初の思いつきがベスト」という言葉に救われたことがあるという。コロラドの核兵器工場に抗議に行ったときのことを思い出しながら、「メガ・デス・チャント」という詩をこの夜のために書き上げた。シンガーソングライターのナタリー・マーチャントは、「地下鉄で来たら遅刻してしまった」と言い訳をして、新作『オフェリア』の中の「五月の王様」を聞き覚えのある美しい声で歌った。それはアレン・ギンズバーグに捧げられた歌だった。それから祭壇の方を向いて、アカペラで短い歌を歌った。彼女はよく透る声を持ったジャンヌ・ダルクのようだった。一心不乱に歌い、拍手も待たずにステージを去った。気がつけば、彼女にすっかり夢中になっているぼくがいた。パティ・スミスは最初、フィリップ・グラスのピアノの伴奏で、アレン・ギンズバーグの詩を朗読した。インドの聖人が荼毘(だび)にふされるときの詩で、それがギンズバーグの死と重なったのか、彼女の朗読には鬼気迫るものがあり、ついには涙声になって観客をしーんとさせた。次にレニー・ケイらのバンドがついて、アレン・ギンズバーグの『吠える』の脚注を朗読した。この朗読は彼女の最新作『ピース・アンド・ノイズ』に入っている。次に懐かしい「ロックンロール・ニガー」をやったときには、観客は興奮の極みに達していた。セント・ジョン・ディバイン教会はさながらCBGBと化してしまった。彼女の存在感には恐るべきものがある。彼女の魂はますます強靭になっていくようだ。彼女のエネルギーを妨げるものは、もはやこの宇宙には何もないかのようだ。彼女の肉体は、詩として昇華しつつある。やがてしばらくの静寂の後、エド・サンダースの率いるファグスが登場した。ファグスが解散して約三十年、なんと新作を披露した。最後にファグスのメンバー、スティーブン・テイラーが、ウィリアム・ブレイクの『無垢と経験の歌』から「ひとの悲しみ」を、アレン・ギンズバーグが愛用していたハルモニウムを弾きながら歌って、約三時間にわたる追悼の会は終了した。
最後に、アレン・ギンズバーグがこの世に残していったアパートメントのビデオが上映された。主人のいない部屋は広々としていて、本棚には図書館のようにたくさんの本が並んでいた。救世軍で買ったという中古の家具は、想像していたほどボロではなかった。そこがギンズバーグがはじめてマンハッタンに買ったという部屋だった。アレン・ギンズバーグは七十歳で死んだ。彼の遺言のような詩の通り、その夜の催しは盛大だった。「葬式は盛大なのがいいな、聖パトリック大聖堂、聖マルコス教会、それかマンハッタンで一番でかいユダヤ教会堂あたり」（「死と名声」山内功一郎・訳）。ビデオの中のあの部屋は、まだイーストビレッジに残っているのだろうか。透明なギンズバーグが自分で息を吹きかけたように、蠟燭は自然に消えビデオは終わった。

　多くの詩人はアレン・ギンズバーグの社会運動家としての側面を強調していた。それがこの夜の大きな主題の一つだった。西に核兵器の危険があれば、歩いて行ってやめろと言った。東に見捨てられそうな人がいれば、なんとかそれをくい止めようとした。北にＣＩＡの陰謀があれば、新聞社にそれを告発する手紙を書いた。酔っぱらいの戯言（ざれごと）以外、彼はあらゆることに耳傾けた。彼はテレビを使わなかった。テレビは苦しんでいる人を救わないから。彼は自分の詩で訴えかけた。そんな詩の可能性を育てようとした。詩人が歩かないような道を歩こうとした。詩人が行かないようなところまで歩いて行った。彼自身が詩であるかのように、彼が歩けば詩は地球のすみずみまで行き渡っていった。もはや国や政府は人を救わないと知っていたから。どんな大きな組織もできないことを、彼は自分の口だけを使ってやりとげた（ジャック・ケルアックは彼が一度もギンズバーグを小説の主人公にしなかった理由として、ギンズバーグは喋るだけの人だからと言っている）。『プラネットニューズ』と題されたタブロイド版の新聞に、三ページ分の彼の活動がぎっしりと報告されていた。だけどそれを遺産として蓄えておいて何になるだろう。その夜誰もが愛情をこめてアレン・ギンズバーグにお別れを言った。彼の人柄のように暖かい集まりだった。だけどパティ・スミスの火のような演奏を聞いてしまった後には、その夜の集会が王から女王への王位継承の場だったように思えた。（男性から女性へと言い換えてもいいかもしれない。全体的に女性たちの方が迫力があった。）

ユニオンスクエアのバーンズ&ノーブル書店でジョン・アーヴィングの新作『ア・ウィドウ・フォー・ワン・イアー』（『未亡人の一年』）の朗読会があった。ぼくたちはその夜約束があったにもかかわらず、ユミが大ファンなので三十分だけのぞきに行った。バーンズ&ノーブルの四階はファンの人たちで満員で、一度離れると二度と自分の席に戻れないような状況だった。彼は今年五十八歳、ハンサムなとても感じのいい人だった。詩は一行だけを読んでもわからないけど、長編小説は一部分を読んでわかるのだろうか、と思いながら聞いていた。五百四十ページもある本を、どうやって読むのかと思っていたら、頭から時間の許すところまで読んで終わった。すでに本を買った人は、客席で文字を目で追いながら聞いていた。おそらくエッチなところだと思うけど、そういうところでは全員が大きく反応した。でも、物語るってすごいな、と感心した。場面をいくつも作って、そこを一人の人に歩かせると、様々な人間関係が見えてくる。今度はその人間関係が、そうっとやってきて主人公を取り囲む。一番面白いのは、誰にも見えないはずのことを、作者がのぞいて書いてくれることかもしれない。そんなときぼくは作者の目となって、カーテンの影の人物のそばにいることができる。せっかく作者に読んでもらっても、ぼくには英語はあまりわからない。サインの入った大きな本を買い、後で読もうと思いながら、雨のユニオンスクエアに飛び出した。

バージンメガストアが主催したジュエルの朗読会は、テレビ局が入ったせいもあって居心地が悪かった。ジュエルも落ちつかない様子で、朗読も投げやりな感じだった。ジュエルとファンの間では口のたつ女性が司会をしていて、ファンと直接喋らせないような状況だった。しかも不自然に歌手のジュエルを詩人扱いして気味が悪かった。ジュエルは『鎧のない夜』という詩集を出した。その中から何編かを朗読した。最後に読んだ「グッドネス」という詩が一番拍手が大きかった。それはシェーンという兄について書かれてる。「子供の頃、アラスカで、私とシェーンは同じ部屋だった。兄は働き者で、夜明け前に石炭を運んで部屋を温めたり、牛の乳をしぼったり、私を起こしたりした。バターを作るために、その乳を泡立てるのは登校前の私の仕事だった。私がアッツ・リーと喧嘩したときも、兄は怒らずに喧嘩を止めた。とにかく兄のブッダのような微笑みには力があった。兄に四人目の子供が生まれた。女の子だった。私はまだ自分をちょっとしたことで腹をたてる子供だと思っている。でも兄の四人の子供たちを見ながら、兄は子供の頃から、人を愛するためにいる特別な人だったと思った」。ジュエルが会場を去った後、司会の女性がジュエルのファンの人たちに自分のサインをしていた。

ぼくはニューヨークに来るたびに、街の様子が変わっているのでびっくりする。でもアンソニアの中で会う人たちの様子は変わらない。エレベーターの中で会う人たちの中には、ぼくたちが日本に住んでいて、たまにしかニューヨークに来ないということを知っている人もいる。他人のことには関心がないのかと思うとそうではなくて、ちゃんと見ているらしい。たまたま朝と夜に洗濯をした日、地下のランドリールームで会った人に、一日中洗濯をしていたみたいに思われてしまった。とにかく日本にいるときよりもずっと、会えば挨拶をするし名前も覚える。近所の人には気を使っている。こうやってぼくは人生の一部分を、ニューヨークで年取っていくのかなと思う。

アレン・ギンズバーグはマンハッタンのイーストビレッジで死を迎えた。パティ・スミスはイーストビレッジにまた舞い戻って来た。人は幾度もニューヨークを離れ、またいつか戻って来る。ぼくはニューヨークをそんな場所だと思っている。今年の夏に、自分ではじめて制作したCDを持って日本に帰るという伊藤さんも、きっとまたいつか戻って来るに違いない。しばらくサンフランシスコに住んでいたメグが、またニューヨークに戻って来たように。人はニューヨークを離れるとき、いつかまた来ようと心に誓う。たとえそれがいつのことかわからなくても、そう思わなくてはニューヨークを離れられないから。ここで泣いたり笑ったりしたことは、その人の心から一生消えないだろう。日本に戻る前の晩、借りていたビデオを返そうと夜道を歩きながら、ぼくはニューヨークで年を取るということについて考えていた。

七月のニューヨークは旅行者でいっぱいだ（1998.7）

飛行機での長い旅を終えてJFK空港に着くと、まずカー・サービスに電話する。ニューヨークにはカー・サービスの会社がたくさんある。友だちからクーポンをもらったのがきっかけでぼくたちもカー・サービスを使っている。電話からお馴染みの巻き舌が返ってくる。応対しているのはいつも同じ男かもしれない。ぼくの名前は相手のコンピューターに入っているらしい。名前を言っただけですぐに住所と電話番号が返ってくる。JFK空港からマンハッタンまで三十二ドル、渋滞で時間がかかってもこの料金は変わらない。グランドセントラル駅まで行くケアリーバスの乗り場で待っていると、社名が書かれたプレートを窓に表示した車がやってくる。車は大きいけれどたいていはボロで、運転手はロシア人やらアラブっぽい人が多い。行き先を確認しただけで、車は猛然と走りだす。たいてい小さな音でFMをかけている。手は紙袋の中のバナナやハンバーガーにのびる。運転はひどく荒っぽい。前を走っている車の都合でひっきりなしに車線変更をする。途中から裏道に入ると、ぼくにはどこを走っているのかわからなくなる。クイーンズボロー・ブリッジが目に入ってやっと、どこにいるのかがわかる。マンハッタンはもうすぐ目の前である。（最近知ったのだが、カー・サービスの車はドライバーの持ち物だという。ボロボロなのは仕方ないか、という感じ。インド人のドライバーに、日本での新車の値段をしきりに訊かれたけど、運転免許のないぼくたちにわかるわけがない。）

マンハッタンに入ると、途端に景色がやわらかくなる。クイーンズに比べて緑が多いからだろうか。それとも知っている町並みだからだろうか。歩いている人たちまでが知り合いのような気がしてくる。このマンハッタンでいったい何人の知り合いがいるというのか。ぼくたちの住んでいるアンソニアは、『大雪のニューヨークを歩くには』（ジェイムズ・スティヴンスン）という本にもイラストで出てくる。七十二丁目の地下鉄の駅の向こうにおどろおどろしくそびえているのがそうだ。鉛筆か何かで描かれたそのイラストは、まるで霧の中から不意に現れた古城のようだ。そこにはどこかのお姫様が幽閉されている。いや、おばあさんかな。またはごみ箱を頭にかぶったお化けのようでもある。七十二丁目の駅の壁に、まだホテルだったころの一九一〇年頃のアンソニアの写真がある。そのころはまだ周囲にもモダンな建物がなくて、時代にもマッチしていたようだ。ごてごてとした装飾過多のフランス建築は、今ではずいぶん時代錯誤のような感じがする。はじめてこのビルを見たときは、ぼくたちもぶったまげたものだった。今では遊びに来て驚いている友だちを横目で見てにやにやしている。

マンハッタンはたいてい一方通行なので、車を止めるとき指示にいそがしい。「右折する」というのを運転手はみんな、「Make right」と言う。三十二ドルとチップを渡すと、運転手は柔らかい顔つきになって去って行く。英語をほとんど喋れない人もいれば、日本語が達者な人もいた。日本で勉強したそうだ。料金はタクシーより幾分高いのかもしれないが、今のところまだトラブルとは無縁である。

部屋に着くとまず掃除である。テーブルの上にも床にも黒い塵が積もっている。マンハッタンの空はあんなに青いのに、なぜ空気は汚いのだろう。だからどんなに長旅でくたびれていても、部屋に戻ったらまず掃除をしなくてはならない。

寝室には使えなくなった暖炉がある。今では部屋の装飾品になっている。ぼくたちはそこに猫の爪研ぎを置いている。それがあるおかげで、ぼくたちはそこが自分たちの部屋だと感じる。猫がいなくても、猫の名を呼んでみたくなる。猫は二回ばかりこの部屋に遊びに来たことがある。飛行機で十二時間もかけて来るのだから、猫にとっては大変なことだ。最初に来たとき、部屋に着いてもトイレにも行かず、餌も食べようとしなかった。借りてきた猫のように一日中物陰に隠れていた。ところが二回目のときは、着いたとたん堂々と自分の部屋のようにふるまうのだった。ぼくにはニューヨークの部屋が、横浜の部屋と飛行機という長い廊下でつながっているように思えた。外に出ると斜め向かいにビーコン・シアターがある。ぼくはそこでトレイシー・チャップマンを聞いたことがある。去年の春、ずいぶん長い間オールマン・ブラザーズをやっていた。隣の酒屋にワインを買いに行くと、ダフ屋にチケットを売りつけられそうになった。ボブ・ディランとパティ・スミスがここでジョイントをしたこともある。九月にはニック・ケイブが来る。でも、ぼくはそのころニューヨークにはいない。酒屋でワインを買って部屋に戻るとき、エレベーターの中でマルガリータという女性に会った。その人はぼくたちの一階上に住んでいて、ぼくは前に一度エレベーターの中で会ったことがある。年齢は五十ぐらいだろうか。知的で上品で可愛らしい。ああいう人が住んでいるのなら、このアンソニアはいいアパートに違いない、と思えてくる。

今回ぼくたちは8ミリビデオカメラを持って来た。それでアパートの近所を撮れば、息子や両親へのいいおみやげになると考えて。自分のコンサートのときぐらいしか使ったことがないパスポートサイズの8ミリビデオ、今ではビデオもデジタル化して時代遅れの代物になってしまった。だがこのビデオカメラ、今でもなかなかよく写る。何もデジタルに買い換える必要はない。ころころとした8ミリビデオカメラを肩から下げて歩いていると、いかにもお上りさんという感じがしてくる。

一九九八年七月のニューヨークは旅行者でいっぱいだ。半ズボンとスニーカー、ガイドブックと地図、旅行者たちはみんなほとんど手ぶらで歩きまわっている。地下鉄の中で、街角で、地図やガイドブックをのぞきこんでいる。ユミも人目を気にせず、日本から持って来た雑誌のニューヨーク特集のページを開いている。足だけが頼りのマンハッタンの旅は身軽なのにかぎる。それなのにぼくたちときたらいつも荷物が多い。ユミの二台のカメラに加え、今回はビデオカメラも持ち歩かなくてはならない。日本の真夏のように暑い七月のニューヨークで、重い荷物は本当にこたえる。

ビレッジやソーホーは観光客がいっぱいで、歩道にテーブルのあるカフェで休みたくてもどこも空いていない。休むためにもぼくたちは、大きな荷物を下げて歩きまわらなくてはならない。ユミはカフェ・ル・ギャミンという喫茶店で写真を撮りたかったのだが、午後になるととても無理だということがわかって、日曜日の朝一番に行ったことがある。この街の人は一度席を確保したらなかなか立とうとはしない。空くのを待っている人が目に入っても、食べおわった皿を前にいつまでも新聞を読んでいる。

ソーホーのポタリー・バーンの裏のユーズドブック・カフェの前のベンチで、とうとうユミは疲れて横になって眠ってしまう。ぼくはその横に腰かけてビデオを撮る。すぐ目の前のクロスビーストリートでファッション写真の撮影をやっている。きりっとした顔つきの男性モデルが、カメラのレンズをにらみつけながらずかずかと前に踏み込んで行く。カメラマンは後ろに下がりながらひっきりなしにシャッターを切る。ぼくが写真を撮られるとき、あんな風にレンズをにらみつけたら、もっとリラックスして、と言われるにきまっている。ファッションにはリラックスした顔は似合わないのかもしれない。ハウストンストリートの向こう側に目を向けると空が青い。錆びた給水塔がビルの屋上に風船のように浮かんでいる。通りを行き交う人はいても、ベンチに横になっているユミに注意を払う人はいない。後でそのときのことを友だちのクリスチーナに話したら、白い歯をいっぱい見せて笑っていた。

ユーズドブック・カフェの本やレコードは、街の人たちからの寄付によるものだ。そこでの売上は、エイズ患者やホームレスの救済に使われる。ぼくはピート・シーガーのレコードを二枚と、アミリ・バラカの詩集を買った。レコードも詩集も一ドルだった。英語の詩なんか、よほど英語が体にしみついていないとわからないのに、こうやっていつのまにか詩集が増えていく。長い散歩の帰り道、荷物はさらに増えている。本やCDやレコードの他に、野菜や果物、お菓子など青空市で買ったものや、酒瓶などがぼくたちの腕に瓢簞（ひょうたん）のようにぶら下がっている。

はじめは何もなかった部屋にも、だんだんといろんな物が増えてきた。ベッド・バス＆ビヨンドで買ってきた小さなカーペットの上で、アーサーとクリスチーナを呼んでビールを飲んだ頃を懐かしく思う。ちょうどその頃風呂場の排水管を修理していて、何日かトイレと風呂が使えなかった。ぼくたちはわざわざ十一階の空き部屋まで下りて行って、そこの風呂場を使っていた。その部屋はまだ改装前で、バスタブも以前の猫足のままだった。ぼくたちはその猫足のバスタブがよくてこのアパートを選んだのに、内装工事が終わると、アールデコでモダンなものに変わっていた。

アーサーとクリスチーナはニューヨークのアメリカ人の友だちの中では、もっとも頻繁に会っている仲良しだ。毎週のように電話してきて、みんなで会う機会を作ってくれる。七十二丁目から地下鉄に乗れば、急行で四つ目のチェンバーズストリート駅に彼らは住んでいる。ぼくたちも彼らもマンハッタンの西側なので、電車を乗り換える必要がない。彼らの住まいの上の階には、ブルースというミュージシャンが、コンピューターの会社に勤めている奥さんと足の不自由な犬と暮らしてる。ブルースたちの部屋は最上階なので、自分たち専用の屋上を持っている。そこにはテーブルが一つあって、夏にはささやかなビアガーデンになる。小さな子供用のビニールプールもあって、それは大柄な奥さんの専用だそうだ。屋上からは美しいウールワース・ビルディングが間近に見える。ユミの大好きな古いビルである。そしてソーホーで育ったアーサーには愛着のあるビルである。

ブルースが加わるといつも日本の話になる。彼はエアロスミスのキーボード奏者として夫婦で日本に来たことがある。大阪のサウナで韓国式垢落としを体験して自分の垢の量に驚いたこと、東京のホテルで一方的にアメリカンスタイルの朝食を押しつけられたこと、ブティックでTシャツを試着をしようとしたら断られたこと。彼らは日本人と同じように生活してみたかったのに、それを理解してもらえなかったこと。アメリカ人が遊ぶような場所にも行きたくなかったのだそうだ。では東京でどこが一番おもしろかったかと聞いてみたら、六本木だと言うのでつい笑ってしまった。六本木ならアメリカ人がみんな遊びに行く街ではないか。彼らはそのことには気づかなかったようだが。

ブルースが自作の歌を披露するというので、十四丁目の西のはずれにある「ガスライト」まで聞きに行った。そこではまだデビュー前の人たちが、週末に一時間ずつ時間をもらって演奏をしている。アメリカン・ロックのメロディには共通点がある。ブルースの歌にもそれがある。おそらくアメリカ人は、そのことを意識してはいないだろう。ぼくたち日本人が勝手に憧れていたのだ。日本語ではアメリカン・ロックにならなくて、英語で歌う人たちもいた。かつてそんな時代があった。今日本のロックバンドは日本語で歌を作っている。彼らが無意識に歌う日本人のメロディに、アメリカ人は気づくだろうか。

パティ・スミスがニューヨークに帰ってきた（1998.7）より

世紀末のニューヨークで、パティ・スミスは再び魅力を取り戻した。彼女は夫のフレッド・スミスが亡くなって、またニューヨークに戻って来た。バワリーとデランシーの角にある「バワリー・ボールルーム」で、三日間のライブがあった。ぼくたちはその最終日の演奏を聞きに行った。ライブはローリング・ストーンズの「黒くぬれ」ではじまった。パティ・スミスの顔がときどきミック・ジャガーによく似ていることがある。なのに笑ったりするとすごく女らしいのだ。一曲終えるごとにとてもうれしそうな表情になる。彼女が演奏を楽しんでいるのが伝わってくる。どの曲もメリハリがはっきりしていて、演奏が高揚していくのがよくわかる。演奏に臨む姿勢がいつも新鮮なのに驚かされる。それを支えるレニー・ケイの存在はすごく大きい。パティ・スミスが吹けないクラリネットや弾けないギターで破壊的なパフォーマンスを開始すると、レニー・ケイもそれに合わせてギターをアンプに何度もたたきつける。歌がはじまるとギターの音量を極力下げ、情感が出るよう気を配っていた。レニー・ケイのような人がそばにいるから、パティ・スミスが自分のことを思いっきりできるんだというることがわかってきた。

自作の曲以外では他に、ボブ・ディランの「悪意の使者」と、ニール・ヤングの「ロッキン・イン・ザ・フリー・ワールド」と、ストーンズの「ノット・フェイド・アウェイ」を歌った。「悪意の使者」は、ディランの『ジョン・ウェズリー・ハーディング』の中の曲を思い浮かべるのがむずかしいくらい激しい歌に変貌していた。彼女の声は言葉そのものである。彼女は途中で二度ほど、詩の朗読に挑戦しようとした。だけど気分がのらないようで、最後まで読まずにやめてしまった。ぼくが彼女は詩人だと思ったのは、誰の歌を歌っても、聞く人に言葉を意識させるからだ。彼女は脱穀機のように言葉の籾殻をはいでいく。聞き手は相当量の言葉を聞かされるはめになるが、それがパティ・スミスの音楽だと思っている。最後に「ピープル・ハブ・ザ・パワー」をやった後、「ノット・フェイド・アウェイ」で締めくくった。その夜彼女はステージの上で、ニューヨークへの帰還を宣言した。そして彼女への麻薬の贈り物を断固として拒絶した。彼女はニューヨーク市の五つの地区の、酔っぱらいのいないバーをツアーして歩きたいと言っていた。子供を戦争や麻薬の犠牲から救うこと、貧困をなくすこと、彼女が音楽をやる理由はどうやらそんなところにありそうだ。激しいアジテイションの後、レニー・ケイのギターがいつまでもステージの上でハウリングを繰り返していた。

パティ・スミスの前に、元テレビジョンのトム・ヴァーラインが一時間ほど、退屈なギターだけの曲をもう一人のギタリストと二人で演奏した。面白い展開も少しはあったのだが、歌のない即興的な演奏はぼくには退屈に思えた。客席からテレビジョン時代の曲をリクエストされても動じないで、黙々と自分の世界を表現していた。そしてなんともかわいらしいはにかんだような笑顔でステージを下りた。

帰って来てぼくは辞書を引きながら、パティ・スミスがエイズで死んだ写真家、ロバート・メイプルソープへのオマージュを綴った『コーラル・シー』という本を読んだ。珊瑚の海を船で旅するメイプルソープを、美しい幻想をまじえながら描いている。静かな珊瑚の海を行く客船の旅は、病んだメイプルソープにとっては死へと向かう旅だった。パティ・スミスの文章も、音のない海を漂っている。こんな印象的なシーンがあった。メイプルソープのおじさんがこっそりインドから持ちかえった亀が死んでしまい、メイプルソープは抑えがたい欲求にかられてその亀をゆでて、頭蓋骨を取り出す。それを動物の皮できれいにみがいて宝物にするのだが、そうやって頭蓋骨を残しても取り戻せないものに気づくのだ。生命に対して人間ができることはそれぐらいのことなんだと知る。この本にはいくつかの美しい写真も載っている。裸体の男性の像や流氷などの静物写真で、その中にはメイプルソープ自身の作品も含まれている。

パティ・スミスが書く文章からも音が聞こえてこない。どことなくマルグリット・デュラスに似ているかもしれない。世界を静かにしておきたいという思いが痛いほど伝わってくる。

ライブと映画三昧の日々（1998.11）より

ニューヨークシティマラソンがあった日の夜、マディソンスクエアガーデンでボブ・ディランとジョニ・ミッチェルのコンサートがあった。アメリカでボブ・ディランのコンサートを見るのは三回目である。ジョニ・ミッチェルは生まれてはじめてだった。マディソンスクエアガーデンは席が見つけにくい。暗いので数字が確かめられないのだ。そんなこんなで両脇のカップルたちと親しくなった。どちらもすごく年配の人たちだった。ジョニ・ミッチェルの演奏のとき、ぼくのすぐ後ろの人が飲みすぎて吐いたらしい。休憩のとき係員がやってきて、座席をどけててきぱきと掃除をしていた。それで回りの人たちは前の方の席に移って行った。ぼくだけ残って同じ場所で見ていた。

曲の構成から演奏まで、ジョニ・ミッチェルは何から何まで完璧だった。あらゆる感情がすでに音楽の中にあるので、ステージではそれ以上何も強調する必要がない。穏やかで無駄がなく冷たくもない。必要なものは全部あったし、要らないものの出る幕はない。限られた時間の中で、限りない時間を表現しようとしていた。それこそ歌だった。ボブ・ディランはその点では完全にジョニ・ミッチェルに負けていた。選曲には何の配慮もなさそうだし、演奏にもはらはらさせられる。おまけにステージで、歌の中の自分とはちがう自分を演じようとしていた。つまり、ジョニ・ミッチェルが音楽に忠実であるのにくらべて、ボブ・ディランは自分に忠実なのだ。その点で彼はアメリカでは立派なアイドル歌手なのかもしれない。二日後の新聞のコンサート評は、ボブ・ディランにとっては最悪だった。「共感を覚えるものはほとんど何もなく、『子供を喜ばせるためにチャック・ベリーの真似をするおじいちゃんみたい』で、おまけに素人臭いリードギターで客の我慢を試してた」。

フィルムフォーラムでやっていた『チアパスという場所』という記録映画に、チアパスの人たちが教会で牧師と一緒に、ボブ・ディランの「風に吹かれて」を歌うシーンがあった。チアパスというのはメキシコから独立しようとしている州で、それが理由で政府から土地を取り上げられている。この映画はそんなチアパスと革命戦士ザパティスタたちの姿をとらえている。ぼくは、「風に吹かれて」が今チアパスの教会で歌われていること、これがボブ・ディランのしたことなんだと思う。彼の歌は自分では操作できないくらい遠くまで影響を及ぼしている。彼は自分のしたことに無力である。だから彼はステージでは踊らされているように見えてしまう。ジョニ・ミッチェルなら、自分で操作できないくらい遠くまで影響を及ぼしそうなことならたぶん避けるだろう。

ある金曜日の夜、ニューヨーク近代美術館に行ってみた。そこでは今ジャクソン・ポロックをやっている。金曜の夜は入場料がいくらでもいいので、ぼくは四ドル払ったけど、ぼくの前の人はたった二十五セントだった。ジャクソン・ポロックはミロの影響を受けていた。よく見れば、ジャクソン・ポロックの黒いエナメルの線は、ミロそのものである。ぼくはそのことをきっかけとして、ジャクソン・ポロックの絵の中にすんなり入って行くことができた。一九四〇年代のジャクソン・ポロックの絵は、混沌そのものである。その混沌が衰えることなく今も威力を発揮している。ジャクソン・ポロックの絵の具の線は、音や光そのものである。その音や光は今も音や光を発し続けている。彼は四〇年代にほとんどのことをやりつくしてしまったかのようだ。マンハッタンに住んでいた彼は、結婚した後ロングアイランドに移り、そこの草や木や風や水の音を絵で模倣しようとした。あまりたくさん絵の具を使わないそのころの彼の絵はどきどきするほどすばらしい。五〇年代になると彼の絵は、表面的には同じに見えても、何か別のものに変質してしまう。やがて作品の数が減り、初期のスタイルに戻ったりの試行錯誤があって、一九五六年にオートバイ事故でなくなった。実に短い閃光のような生涯だった。翌週、ぼくが今通っている学校で、ジャクソン・ポロックの話をしたが、クラスの人たちは誰も知らなかった。

ぼくがジャクソン・ポロックを見たくなったのは、パティ・スミスのせいである。ずっと前に彼女がブルックリンのバーンズ&ノーブル書店でサイン会をしたとき、「絶対に見逃さないように」と宣伝していたのだ。ぼくはパティ・スミスが、なぜジャクソン・ポロックに関心を持つのか知りたくなった。おそらく彼のはげしい線に、音楽を感じたのだろう。『ニューヨークプレス』にはサイン会ではなく、朗読会と書いてあった。だけど行ってみたらただのサイン会だというので帰ろうかと思ったが、ユミが絶対に朗読もするよ、と言うので待っていたら本当にやった。パティ・スミスはサインだけで帰るような人じゃない、というユミの予測は当たってた。そのとき読んだ詩の中に、オードリー・ヘップバーンに捧げた「ソマリア」という詩があった。(もしも私が雨になれたら、ソマリアに降るのに/もしも私がソマリアで穀物の種になれたら、きっと育ってみせるのに/もしも私がパンになれたら、ソマリアのためにふっくらとふくらむのに/もしも私がソマリアの川になれたら、きっと流れて行くだろうに)。オードリー・ヘップバーンは癌に侵された余命いくばくもない自分の命を、飢饉にあえぐソマリアの人たちに捧げたのだった。

不思議なことにぼくはジャクソン・ポロックの絵を見ながら、ジム・キャロルのことを思い出していた。ぼくはその前の週に、ボトムラインで彼のパフォーマンスを見たばかりだった。彼の朗読を聞いていると、単語の意味はわからなくても、詩がどんなものかなんとなくつかめるような気がした。おそらくそれは言葉の組み合わせの最後の状態、そのままがんがんと燃えつづける永遠の炎なのだ。詩は発火したらもうそれ以上どんな形にも置き換えられない。普段言葉は片思いのまま放置されている。それを拾い集めて出会わせてあげるのが詩人なのだという気がした。もしかしたら夫婦もそんなようなものかもしれない。二人が一緒になって全然別のものになるのだ。夫婦は個人とは別のものなのだ。そんな気がする。ジム・キャロルは詩の金魚鉢の中を泳ぐ金魚だった。彼の口は詩の行き止まりをつついていた。言葉は見えない水槽を作る。だけどその中の水は本物なのだ。詩人の口は言葉の水槽の強度を何度も確かめる。そのことはジャクソン・ポロックの絵にも感じることだった。彼の場合は言葉ではなく色や形や線だけど。それらは絡み合って色や形や線とは別のものになっていた。それは非常なエネルギーのかたまりだった。ぼくはジャクソン・ポロックを、ミロとジム・キャロルの間で眺めてた。それでよけいに親しみがわいてきたのだ。

一九九八年十月からニューヨークのバルーク・カレッジで英語の勉強をしている。毎朝同じ時間に起きて乗物に乗るのは三十年ぶりのことだ。毎日地下鉄に乗っているから、メトロカードは十五ドルずつリフィルしてもすぐに空になる。普段はあんなにおしゃべりなニューヨークの人たちも、朝の地下鉄の中では誰もしゃべらない。日本の朝の電車の中と同じようにしーんとしている。そんな不機嫌な乗客たちに、放送で「ハブ・ア・ナイスデイ」と挨拶をする車掌もいる。朝のニューヨークの地下鉄の中は、日本とあまり変わらない。だけど駅のプラットフォームでは、ストリートミュージシャンたちが毎日いろんな音楽を演奏している。口笛を吹く人、オペラを歌う人、スペイン語で歌う人、ヒット曲を歌う人、シャンソンを歌う人、バイオリンを弾く人、アコーディオンを弾く人、ギターを弾く人、ハーモニカを吹く人、朝の地下鉄の音楽は、みんながよく知っているような曲が多いけど、そういった街の中の音楽は、電車に乗って一緒について来る。ドアが閉まって走りだしたのに、さっきの曲がまだ聞こえてる。ぼくが自分で口ずさんでいるのだ。電車が目的の駅に着くころに、ぼくはやっとそのことに気づく。別に友だちが一緒じゃなくても、朝の音楽がぼくのお供をしてくれる。そして学校に着くころには、いつのまにかどこかにいなくなっている。ニューヨークの朝の地下鉄の中には、街の中の音楽がある。しかめっ面をした人たちは、仕事が終わった帰り道ほどチップをはずまないけど、ニューヨークには東京とちがうものがある。

ユミが日本に帰っている間は、ライブや映画三昧の日々だった。一九九八年十二月の最初の日曜日、昼間はマンハッタンでお芝居を見て、夜はブルックリンまで映画を見に行った。新聞の演劇欄に小さく、『ウッディ・ガスリー、アメリカの歌』というお芝居のプレビューの広告が出ていた。行くべきかどうか迷う内容の不明な広告だったが、行ってよかった。昔仕事を求めてさすらった人々は、やがてストレンジャーと呼ばれて差別されるようになった。ウッディ・ガスリーの歌にも出てくるホーボーは、今でいえばホームレスのことだ。一九三〇年代のアメリカを歌ったウッディ・ガスリーの歌なのに、今でも少しも過去の歌ではない。飛行機事故で死んだメキシコの不法労働者のことを歌った「ディポーティ」に涙するのは、現代の名もなき人々だ。ストレンジャーとして差別され、忘れられた人々はふえている。変わったはずの世の中なのに、ウッディ・ガスリーの歌の通りになっていく。会場でもらったプログラムによれば、ウッディ・ガスリーは生きていれば今年八十六歳、もしもハンチントン病で死ななければ、まだぼくらと共に生きていた。そしてぼくらが歌う歌に、どこかで耳をすましてた。ぼくらが生きるこの時代を、きっとウッディ・ガスリーは歌ってた。その頃バワリーの大通りでストリートシンガーをしていたときに、シスコ・ヒューストンと出会い喧嘩をしたように、ぼくらと出会って、歌についてぼくらと喧嘩したかもしれない。ウッディとシスコの喧嘩はテリトリー争いだったようだが。プログラムを書いた人はウッディのことを、「怒れる予言者」「パンクの祖先」と呼んでいる。そしてその風貌を、キース・リチャーズにたとえてる。いろんな意味でウッディ・ガスリーは、まだぼくらと共に生きている。八十六歳はまだ死ぬ年じゃない。

ウッディ・ガスリーに泣いた後、ぼくはブルックリンのＢＡＭ（ブルックリン音楽アカデミー）まで『ロリータ』を見に行った。上映までだいぶ間があったので、近くのマクドナルドで時間をつぶすことにした。外はとっくに暗くなっていて、店内は日曜日の家族連れでいっぱいだった。ぼくは持ってた本を読み、コーヒーを飲み、人を眺めた。全員が太ってる黒人の家族、大人か子供かわからない小柄な中国人の女の子たち、ニューヨークにいるときはいつもユミがいるから、そんな風に見知らぬ街で一人でいるのははじめてだった。

学校の先生の勧めもあって、ぼくは『ロリータ』を見たかった。その先生はロシア人だった。でも映画評では、昔のキューブリックの方がお勧めだった。マンハッタンでは早々に上映が終わってしまったので、ブルックリンまで行ったのだ。『ニューヨークタイムズ』の去年のテレビの十大ニュースに、『ロリータ』のテレビ放映があがってた。キューブリックの方は知らないが、新しいロリータはかなりセクシーだった。それでか、はじまってすぐに席を立って出ていくカップルがいた。主人公の男の描き方はまるでホラー映画だった。全体に大げさでやりすぎという感じがぼくにはした。それで、昔のキューブリックのが見たくなった。新聞の映画評も、そんなことを言っていたのだろう。まだぼくは昔の『ロリータ』を見ていない。

ブルックリンで初めてのライブ（1998.12）

十月の終わりに一時帰国していたユミが、十二月にまたニューヨークに戻って来た。ユミがニューヨークに戻って来るのを待って、ニューヨークではじめてのぼくのライブがブルックリンのレコード屋で開かれた。元はといえばタダツくんという漫画家が、パーティでトムというレコード屋イアーワックスの主人に引き合わせてくれたのがきっかけだった。彼の日本人のガールフレンドがぼくの「遠来」にほろりとなって、トムにレコード屋でのライブを決意させたのだ。早速タダツくんが手描きのチラシを描いてくれた。それを百枚ほどコピーして、日本食のスーパーマーケットや古本屋に持って行った。タダツくんはライブ情報を、彼が漫画を連載している『ニューヨークプレス』に載せるよう働きかけてくれた。それには、「私はまだ友部正人の歌は聞いたことがないけど、きっと最近のボブ・ディランよりはいいでしょう。Sorry Bob」というようなことが書いてあった。そしてそれを読んで、ぼくの『にんじん』のレコードを持ってコンサートにやって来たロシア人がいた。その人は昔京都に住んでいたことがあって、ぼくのライブにも足を運んだことがあったらしい。見覚えのない白人から、「とうとうニューヨークにやって来ましたね。このブルックリンは私の街です」と日本語で言われても、すぐには事態を飲み込めなかった。もちろんぼくの通っていた学校の若い日本人のクラスメイトたちも来てくれた。無料でやったせいか、小さなレコード屋は五十人ぐらいの人でいっぱいになって、入れなくて外で聞いていた人もいたという。みんなタダツくんやぼくの友だちが声をかけてくれた人たちだった。その三割ぐらいは日本語のわからないアメリカ人だったのに、最後まで熱心に聞いてくれたのはうれしかった。ナンシー・グリフィスとのアイルランド・ツアーから帰ったばかりのフランク・クリスチャンも、ぼくの歌にギターで伴奏をつけてくれた。そして彼は自作の歌も二曲演奏してくれた。

　ロックフェラーセンターのクリスマスツリーに照明が灯ったというニュースを聞いて、『クリスマスツリー』という本を読みはじめた。それには両親をなくして修道院で育った修道女と、彼女が育てた巨大なモミの木をロックフェラーセンターのクリスマスツリーに欲しい職員の、何年にもわたる交流が描かれていた。ぼくはその本で、ロックフェラーセンターのクリスマスツリーがどこからどんな風にして運ばれて来るのかがよくわかった。クリスマスツリーにする木は成長が早いので、切ってもあまり罪悪感を感じないですむということも。木は今は年老いた修道女、アンソニーの唯一の話相手であり息子だったのだ。

十二月になると道端には売り物のクリスマスツリーが並ぶ。日本ならプラスチックだけど、アメリカでは全部本物のモミの木である。木は根元で切られ、歩道の脇に立てかけられる。一番小さいのでも二メートルぐらいあるたくさんのクリスマスツリーを、いちいち片づけるために運ぶわけにはいかないから、ツリーの商人はどんなに寒い夜も、歩道で一晩中起きていなくてはならない。ツリーはクリスマスの日の夜まで売っている。そんなにぎりぎりになって買う人なんているのかと不思議に思うが。根を切られたクリスマスツリーは、暖かい部屋の中ですぐに枯れて葉を落としはじめる。年が明けて、今度は枯れたクリスマスツリーがゴミの日に歩道に並ぶ。爪楊枝などにリサイクルされるのだという。売れ残ったクリスマスツリーはどうなるのだろう。それからあのロックフェラーセンターのクリスマスツリーは。日本ならクリスマスツリーを見るとロマンチックな気分になるが、ニューヨークだとその生な匂いに、なぜかお正月の門松を思い出す。

ローン・カウボーイ再現（1999.10）

ジャック・エリオットはギルドのギターを弾いていた。ギルドのギターを抱えて、椅子に座って歌っていた。一九九九年十月、ニューヨークのグリニッジビレッジにあるボトムラインというライブハウスで、ぼくは約二十五年ぶりにランブリン・ジャック・エリオットに会った。久しぶりに会ったジャック・エリオットは相変わらずのカウボーイハットをかむり、眼鏡には薄い色がついていた。

一九七三年に日本で会ったときには、マーチンのギターを持っていた。日本に来る直前にそれまで使っていた古いマーチンを誰かに盗まれたとかで、新品のを持ってきていた。ぼくがマーチンのギターのことをたずねると、昔盗まれた古いマーチンが最近戻ってきたことをおしえてくれた。なんでも盗んだその本人が返しにきたということだが。とにかくニューヨークで十月に会ったときには、彼はギルドのギターを持っていた。

ぼくは当然彼がぼくのことを覚えていると確信していた。だけど自分が二十五年前に一緒に歌った人のことを今でも覚えているかと考えたら、覚えていなくても当たり前だと思えてきた。でも、ジャック・エリオットはぼくのことを覚えていた。最初は確かに誰か他の人と勘違いしていた。「あの……、ボブ・ディランのコンサートに一緒に行った……」と言いだしたから、これはきっと岡林信康と間違えているな、と思ってすぐに訂正した。「ぼくはあなたと一緒に日本をツアーしたシンガーですよ」。「ああ、あのハーモニカホルダーの baby……」と言うものだから、ユミはとっさに吹き出してしまった。その言い方が気に入ったらしく、それからは誰に会ってもその話をする。ぼくがランブリン・ジャックと一緒に日本をツアーしたのは、ぼくが二十三歳のとき、そしてジャックもまだきっと四十代だっただろう。

共演者のジョン・ウェズリー・ハーディングがジャックやぼくらのために彼の楽屋を空けてくれた。ジョンはぎんぎらの大きな目で、とても親切だった。実はつい二週間前、横浜で君のライブを見たよ、と言うと、「ああ、じゃああのときの」、とどうやらまた他の誰かと勘違いされているようだった。ぼくらはただのお客だったのだから。

ウッディ・ガスリーの娘、ノラ・ガスリーが楽屋に入って来た。小柄でまあるい体つきの人。お父さんに顔がそっくりで、にこやかで、まるで昔からの友だちみたい。ランブリン・ジャックと会うのは久しぶりらしく、話は自然に思い出話に。だけどその思い出話は、今から五十年くらい前のノラがまだ一歳のときのこと。ランブリン・

ジャックがはじめてノラに会ったのは一九五一年、ジャックがはじめてコニーアイランドのウッディの家を訪ねたときだった。そのときノラはまだ一歳半。ぼくの持っている『パスチャーズ・オブ・プレンティ』というウッディ・ガスリーの自伝の中に、ちょうどそのころのノラの写っている写真が載っている。コニーアイランドの砂浜でウッディやお兄さんのアーロやジョーディたちに囲まれて。ウッディは子供たちのために砂浜を掘って砂の山を作っている……。

ほんの挨拶のつもりで寄っただけなのに、ランブリン・ジャックはウッディの家で居候することになる。ウッディは家にいなかったし、お母さんは働いていたので、ジャックがまだ小さかったノラの面倒を見ていたらしい。「ベビーシッターだった」とジャックは言っていた。ノラを車に乗せて、あっちこっちにドライブしたという。「自分が飲んでいたウィスキーをミルクに混ぜて、リラックスさせるためにと私に飲ませたのよ」とノラが言うと、「えっ、まだ一歳だったのに、そんなこと覚えているの」とジャックが聞いていた。どうやらその話は後でお母さんから聞いたらしい。「ところで、煙草は止めた？」とジャックが聞くと、「もう二十年も前から止めてるわ」とノラが答えてた。ジャックも二週間ぐらい咳が止まらなくて、煙草を止めているという。

まずは「サンフランシスコ・ベイ・ブルース」でジャックの一回目のステージがは

じまった。足が悪いのか、歩くときは足をひきずっていたのに、マイクの前に座ったとたんに力強くギターを弾きはじめた。咳止めと称して、脇にストレートのウィスキーと水の入ったグラスを置いて。ランブリングという言葉にべらべら喋るという意味がある通り、彼は歌の合間に実によく喋る。アメリカでの彼のステージを見たら、どうしてそんなあだ名がついたかすぐにわかるだろう。

ニューヨークに来る二週間前、彼はガイ・クラークとアラスカにいて、一緒にアンカレッジとフェアバンクスでコンサートをしたという。そのとき奥さんのジャニスと小型飛行機で、標高六千メートル以上もあるマッキンリー山の上を飛び回ったらしい。マッキンリーには別名ディナリという名前があって、偉大な男という意味だという。アラスカには巨大なヘラ鹿、ムースがたくさんいて、年間八百件もの車とムースの衝突事故があるという。そして何人もの人が死ぬというが、ジャックが「ムースは車に衝突するし、車はムースにぶつかるし」とぼそぼそと言うと、場内は爆笑の渦になる。奥さんのジャニスは動物園にコリヤーク熊を見に行ったそうだ。アラスカの自然の中では見られなくなって、今は動物園にだけいる熊だという。巨大だけど普通の熊よりはフレンドリーだそうだ。そんなことをジャックは、誰に言うともなくぼそぼそと喋る。

二曲目はウッディ・ガスリーが第二次世界大戦中に書いたという「レンジャーズ・

コマンド」。戦時中に兵器工場で働く女の話で、愛国的な歌というよりもこれはカウボーイソング、とジャックは言っていた。ここからはウッディ・ガスリーの歌が続くことになる。一九四一年にウッディ・ガスリーは、ワシントン州とオレゴン州を流れるコロンビア川を視察した。雇用の促進と安い電気の供給のために建設中だったダムを見て歩き、政策のプロパガンダのために歌を作るという役所の仕事だった（新星堂が出しているウッディ・ガスリーの『コロンビア・リバー・コレクション』というCDの解説によると、グランド・クーリー・ダムのプロモーション用映画のための歌作りの仕事だったようだ）。肩からギターを下げポケットにはノートを入れて、カメラマンを雇って車で走りまわり、考えながら酒を飲み、酒を飲みながら考えて、三十日間かけて二十六曲の歌を書いたという。その中で一番大きなダムが、クーリー・ダムだった。ジャックは大げさな調子でそう説明すると、ウッディ・ガスリーの代表曲でもある、三曲目の「グランド・クーリー・ダム」を演奏した。

次の「トーキング・フィッシング・ブルース」という語りの曲で、間違って二番を二回言ってしまいそうになったとき、唐突にぼくのことを話しはじめた。だが、おそらく観客は何のことかわからなかっただろう。ぼくはそのまま客席に座ったままだった。曲は「フレンド・オブ・ザ・デビル」へと進んで行き、その後ノラ・ガスリーが紹介された。客席にいた彼女が立ち上がって挨拶したかどうかわからなかったけど、それはそれは大きな歓迎の拍手だった。この「フレンド・オブ・ザ・デビル」のとき、ぼくはつくづくジャックはギターがうまいと感心してしまった。技が光るデイブ・ヴァン・ロンクとは違い、メリハリと趣がある。ぼくはアメリカのある評論家の、彼はアメリカ一のフォーク・ギターリスト、という言葉を思い出していた。

二曲のカウボーイソング、「バッファロー・スキナーズ」と「バック・イン・ア・サドル(?)」の後、ジャックは子供時代の話をはじめた。子供のときジャックは、両親に連れられてマディソンスクエアガーデンにロデオのショウを見に行き、いっぺんにカウボーイの世界の虜になった。十四歳のとき、ウィル・ジェイムズの『ローン・カウボーイ』という本物のカウボーイの自伝を読んで、ブルックリンの家を出た。ロデオの一座に入って、一日二ドルで働いた。六十頭の牛の世話をして、夜には寝袋にくるまって牛たちと一緒に眠った。ピッツバーグである雨の夜、ジャックは牧場で牛たちと眠っているところを発見された。ブルックリンの両親からは捜索願いが出されていたが、まさか牧場で働いているとは思わなかったらしい。捜索願いに使われた写真は、ガキっぽくてとても醜かったとジャックは言っていた。きっとそのときジャックは、都会ではなく大自然の中で生きることを決意したのだろう。

たまたま長距離バスなどで乗り合わせた人が、見ず知らずの隣の人に自分史を聞かせることがアメリカではよくある。昔アメリカをバスで旅をしていて、ぼくはそれがアメリカなんだなあ、と思ったことがある。ステージでのジャックの喋りは、それにとてもよく似ている。ジャックこそ典型的なアメリカ人なのかもしれない。

最後にジャックは、ロイ・エイカフの「フレイト・トレイン・ブルース」を歌って、ジョン・ウェズリー・ハーディングにバトンタッチした。その約五十分のステージは、ぼくにとっての『ローン・カウボーイ』というジャックの自伝だった。ステージの後ぼくらは楽屋へ行き、ぼくとジャックとノラで記念撮影した。ノラは五十七丁目にある「ウッディ・ガスリー保存協会」の住所と電話番号を書いてくれた。そこにはウッディ・ガスリーの約千編の未発表詩が保存されているという。電話で予約をして行けば、誰にでも見せてくれるという。一年半ぐらい前に、イギリスのビリー・ブラッグという労働運動系パンクミュージシャンが、その中から十五編の詩に自分のメロディをつけて歌い、『マーメイド・アヴェニュー』というタイトルで出して話題になった。そのアルバムのジャケットに二階建ての家が写っていて、去年の冬にユミとその家を探しに行ったことがある。でもそれらしい建物は見つからなかったとノラに言ったら、写真はガスリー家が暮らしていた家ではなく、実際の家はもうとっくに取り壊されてしまった、と言っていた。ぼくらがコニーアイランドを訪れたときの寒さと夕日の美しさを、ぼくはずっと忘れないだろう。

楽屋にはアイヤナというジャックの娘も来ていた。歳はまだ二十代後半の初々しい感じの女性で、『ロング・ライド・ホーム』という題の、ジャックの記録映画を撮っていると言っていた。来年の春ごろ完成予定だけど、今は資金がなくなって中断しているという。完成すれば、テレビで放映されたり、ビデオとして販売されたりするらしい（映画は後に『バラッド・オブ・ランブリン・ジャック』という題になった）。

奥さんのジャニスは人懐っこい人で、初対面のぼくらにカリフォルニアまで遊びに来るようにと誘ってくれた。ジャックとジャニスはサンフランシスコのそばのサウサリートというところに住んでいる。ジャックの友人のデイブ・ヴァン・ロンクによれば、ジャックとジャニスは結婚してまだ七年ぐらいだという。だからアイヤナはジャニスの子ではない。ジャックは何回も結婚していて、何人も奥さんがいた。ジャックは結婚した女性に母親の役目も望むので、みんな長持ちしなかったのだそうだ。ただ、別れた女性たちは今でもジャックを愛していて、誕生日には電話をかけてきたりするらしい。音信不通にならないのは、ジャックの人柄のせいだろう、とデイブは言っていた。

ぼくらは一回目のショウが終わったところで帰るつもりだったのに、ジャックが新作の『ロング・ライド』をプレゼントしてくれたものだから、急遽ユミがぼくのＣＤをアパートまで取りに帰ることになった。ユミを待つ間ぼくは客席で、そのまま十一時からのショウも見ることになった。二回目のショウではジャックは、カウボーイソングやウッディ・ガスリーよりももう少し新しい曲を取り上げていた。たとえば、ミック・ジャガーとキース・リチャーズの「コネクション」や、クリス・クリストファーソンの「ミー・アンド・ボビー・マギー」といったような。ウィスキーで酔いがまわったのかよりお喋りになり、その分曲目が少し減った。ジャックの演奏の終わったあと、ぼくたちはまた楽屋へ行き、ユミが家から取ってきた『夢がかなう10月』のCDをジャックに渡した。このアルバムにはデイブが参加しているから。二回目のショウがはじまる前に、楽屋でジャックがこう言っていた。「さあ、このツアーが終わったら、いよいよハロウィンがやってくる」。アメリカ人にとってハロウィンは、幾つになっても楽しみらしい。ぼくらがニューヨークでハロウィンのパレードを見ているころ、きっとジャックやジャニスもカリフォルニアの自宅で、友だちを大勢呼んでパーティをしていたに違いない。

新春隠し芸大会のノリ（2000.1）

午後二時の開演に間に合うように、ぼくはイーストビレッジのセントマークス教会をめざしてアパートを出た。そこでは今年も「ニューイヤー・マラソン・リーディング」が開かれることになっていた。ぼくは去年はじめてこれを見に行って、すっかりそのおもしろさの虜になっていた。といっても、英語で朗読される詩がわかるわけではないのだが。セントマークス教会の「ニューイヤー・マラソン・リーディング」は今年で二十六年目になる。プログラムに載っている名前をざっと数えてみると、今年は百三十三人が出演することになっていた。その中にはマーク・リボーやレニー・ケイのように演奏だけする人もいれば、朗読と一緒に踊る人もいる。今年はプログラムに名前があるのに、出なかった人も多いようだ。去年は出ていたジム・キャロルもその一人だった。短い人で一人一分、長い人で二十分ぐらいの朗読や演奏が延々と真夜中まで繰り広げられる。その間の出入りは自由だが、手の甲にスタンプを捺される。入場料は一人十五ドル、席は別に決まってはいない。

ぼくがたどり着いたのは、ちょうど六人目ぐらいの人が終わったころだった。正確には何人入るかわからないが、そんなに大きくはない教会でも始めのころは空席が目立つ。立ち見が出るほど満員になるのは、リノやジーナ・メイソンやパティ・スミスという人気者が出る九時ごろだ。パティ・スミスが終わると引き上げる人も多く、場内もなんとなくほっと息をつく。ちょうどそのころになると、ようやくユミの好きなハル・シロウィッツが出てくる。そして短い詩をたった一篇だけ読んで引っ込んでしまう。ハル・シロウィッツの詩はわかりやすく、おかしくて苦い。その呂律のまわらないしゃべりかたは、泣きながら家に帰ってきてお母さんに報告をするいじめられっ子のようだ。友だちや父親の言うことを真に受けていつも失敗する。それがたいていはセックスのことだ。ハル・シロウィッツの朗読が終わると、もう十一時近くになっている。ぼくたちが聞きたかった人はそれでだいたい終わってしまい、最後まで聞かずに外に出る。

今年は録音してゆっくり聞こうと、DATウォークマンを持ち込んだ。百二十分テープを二本しか用意しなかったので、気になる人だけ飛び飛びに録音していった。歌の歌詞や映画の会話ならそれでいいのだが、詩の朗読は録音して後で聞きなおしてもわかるものではない。ぼくがその詩の中にいないときは、何度聞きなおしても素通りしていってしまう。詩は待ち構えていても捕まえられない。

この朗読会には、新春隠し芸大会のような魅力がある。今年はどんな詩で楽しませてくれるのかと、聞き手は大いに期待してやって来る。朗読する側も、そんな聞き手の期待にどう答えようかと知恵をしぼる。何十人もの人が朗読をするのを見たけど、一人として同じやり方をする人はいない。人前に出なれている人からそうでない人まで、みんなそれぞれに自分のやり方がある。運営している人たちもみんな、自分の番がくればステージに立って朗読をする。受付をしている人も司会をしている人も、そこにいるのはみんな詩人なのだということがわかる。

一九九四年十月、ダウンタウンのシェークスピア書店で出会ったのが『アラウド、ニューヨリカン・ポエッツ・カフェからの声』という分厚い詩集だった。ショウウィンドウの、「詩は未来の言葉」という文句がぼくにその本を手に取らせたのだが、今から思えばそれがCD『no media 1』の始まりだった。その翌年にはニューヨリカン・ポエッツ・カフェのドアを開け、ぼくは『アラウド』の編者の一人のボブ・ホルマンに会っていた。全体で五百ページ以上あるこの本を拾い読みしていくと、今回の「ニュー・イヤー・マラソン・リーディング」に出演していた人の名前がちらほらと見つかった。数えてみると十一人ぐらいいた。また最近歌手としてもデビューしたカール・ハンコック・ラックスの名前もあった。この詩集の最後に「オープンルーム」という章がある。おそらくそこにあるのは、定期的に開かれるニューヨリカン・ポエッツ・カフェのオープンルームの夜に、高得点を獲得した人たちの詩だろう。

東京でも最近、この「オープンルーム」「オープンマイク」という言葉がよく聞かれるようになった。だが、ぼくはまだそこには行ってみたことがないので、ニューヨークのような熱気があるのかどうか知らない。ニューヨークではこの「オープンルーム」で勝ち抜いた人たちが、カフェから飛び出して大いに活躍しているようだ。はじめから朗読するために書かれたそれらの詩は、目で読んでもとてもおもしろい。詩集『アラウド』の中の「オープンルーム」の章にはそんな新しい人たちの詩が集められていて、この章だけで一冊にしてもおもしろい詩集ができあがりそうだ。

さて、「マラソン・リーディング」の数日後、雨の中ブルックリンのウィリアムズバーグへ行ってみると、リードというブックカフェで、先日出演していた一人の黒人女性に出くわした。引き締まった全身を黒いレザーにくるみ、トレモロを効かせたエレキギターでかっこよく朗読をきめようとしたけど、ギターの方はシロウトらしく、ギターの音量ばかりが大きすぎて、結果的にさえない朗読をしてしまった人だった。傘をたたんで少し離れたところからコーヒーを飲みながら見ていると、女性はテーブルの上の新聞紙に一心不乱に詩を書いていた。その初々しい様子に妙に打たれたのだった。ぼくならあんな失敗をした後なら、しばらく詩なんかほうっておきたいとおもうのだが、詩作に没頭している様子からは、世間のことなんかまるで気にならないようだった。そうして詩と向き合うことが、一番素敵な夜の過ごし方なんだと言われてるみたいだった。

一九九九年六月ごろ、ぼくもニューヨークの部屋で、『no media 1』に入れる詩を書こうと、小さなノートとにらめっこしていた。他の人の音源はほとんど出そろっていて、いよいよ自分の番がきた。まだ誰にも聞かせたことのない詩を、ユミの前で朗読するのはとても照れくさかった。できるだけ静かな場所で朗読したくて、二人でセントラルパークの中を探しまわった。だけどどこで録音しようとしても、車の音は必ず入ってしまう。平日だったので、公園内の車の通行は規制されていなかった。しかたがないのでセントラルパークを諦めて、ハドソン川に沿ったリバーサイドパークへ移動した。公園の真ん中をバイパスが通っていて、そこをひっきりなしに車が猛スピードで行きかっていた。リバーサイドドライブに近い丘の上なら、なんとか車の音を我慢できそうだった。バスがバス停に止まる音を聞きながら、ぼくは三篇の詩を録音した。

未来の言葉が聞きたくて、ぼくはぼくの好きなミュージシャンたちの声を録音した。その声は詩ではなくてもよかったのだが、すでに発表した歌詞は困るということにした。CD『no media 1』にはぼく以外に、十人の人が参加してくれた。そしてそれは二〇〇〇年の一月十九日に発売された。ぼくのこんな試みをおもしろいという人と、馬鹿げているという人がいた。馬鹿げているという人は、朗読は気恥ずかしいし色気がないという。それに歌手なのだから、どうして歌わないのだ、という。でも、ぼくの好きな歌の中には未来の言葉が隠されていて、朗読によってそれを見つけ出せると思ったのだ。ぼくはこのCDを聞いていると、それぞれの人の中に堆積した言葉の断層を見るような気がする。それは新鮮な驚きであり、新たな発見でもある。人はずいぶん不安定に言葉を積み上げながら生きている。その不安定さこそが、その人の言葉になっていた。

未収録と書き下ろし

谷川俊太郎「みみをすます」のこと

ぼくはときどき思い出すことがある。「みみをすます」(『みみをすます』福音館、一九八二年刊、所収)という詩の中の、「しんでいくきょうりゅうのうめきごえにみみをすます」というところを。そしてぼくがこの詩を谷川さんの朗読ではじめてきいたとき、いかにびっくりしたかということを。もうずっと前のことなのに、ぼくはそのときのことをとてもよく覚えている。

谷川さんの「みみをすます」という声を聞くと、ぼくは耳をすます気持ちになれたのだった。耳をすます気持ちになれたら、谷川さんの耳に聞こえたものが、ぼくの耳にも聞こえてきた。人が聞いたものをそんなふうに聞くのって、めったにないことだった。

ぼくは「きょうりゅうのうめきごえ」だけではなく、「かみなりにうたれ、もえあがるきのさけび」や「なりやまぬしおざいに、おともなくふりつもるプランクトン」の音も聞いた。聞こえてしまうのだった。聞こえるはずのない音を。それがおどろきだった。ぼくは「みみをすます」という詩におどろいていた。そしてこの詩がすこしこわくなった。

ひらがなだけで書かれた「みみをすます」という詩は、見かけはやさしいけれど、声に出すととてつもないパワーを発揮する。ワープロやパソコンのように、ひらがなを変換すると漢字になるのではなく、きょうりゅうやしだになる。映画の中のきょうりゅうや裏山のしだではなく、本物の何万年も前のきょうりゅうやしだである。目は今しか見えないけれど、耳は過去や未来を聞くことができるとそのときぼくは知った。

「よく聞きなさい」とぼくに言ったのは、ぼくの両親や先生たちだけではなかった。雲雀やカラスや小川のせせらぎもぼくにそう言っていたのだ。風や雨や土を掘るときのスコップもそう言っていた。ぼくはいろんなものに「よく聞きなさい」と言われながら大人になった。ぼくに一番よく聞けなかったのは、人間の声かもしれない。

でも、「よく聞きなさい」よりももっと「よく見なさい」と言われたような気がする。黒板の字をもっとよく見なさい、目の前の景色をもっとよく見て描きなさい。よく見ようとすることが、ぼくの子供のころのいい子の条件だったような気がする。ぼくはよく見ようとした。何を？　一瞬を？　あのころのぼくには、通勤バスの満員の乗客もゆがんで見えた。

「みみをすます」は、きのうの雨だれに耳をすますところからはじまる。雨だれは、

「いつからつづいてきたともしれぬ、ひとびとのあしおと」になり、やがてそれは「はだしのひたひた」に変わる。ひたひたは「へびのするする、このはのかさこそ」と重なり、ついに「くらやみのおくのみみなり」をとらえる。「へびのするする」や「このはのかさこそ」は今にもどこかへ行きそうな音だし、「くらやみのおくのみみなり」は宇宙のはじまりの大爆発のまえぶれのようだ。あんなに静かだった雨だれの音が、あれよあれよというまに「しんでゆくきょうりゅうのうめき」や「かみなりにうたれ、もえあがるきのさけび」に変わる、そのことにぼくはとても感動したのだ。やがて「おともなくふりつもるプランクトン」、それは死んでいく白い珊瑚のようだし、「じぶんのうぶごえにみみをすます」のは、プールから顔を出す瞬間に似ている。まるで長い夢からさめたときのよう。

今まで何回も谷川さんに、ゲストとしてぼくのコンサートに出ていただいたことがある。それはどこか町外れの芝居小屋で、雨が降っていた。満員のお客さんを前に二人ともしゃべることがなくなって、しばらく雨の音を聞いていた。そして「いい音だね」と谷川さんが言ったのだ。いや、もしかしたら雨は降っていなかったかもしれない。満員のお客さんを前に二人で黙ってしまったとき、「静かなのもいいね」と谷川さんが言ったのかもしれない。どちらにしても、忘れられないひとことだった。谷川さんはいつも耳をすましている、とぼくは思った。耳をすましている人の心は、いつもどこかへ遊びに行っている。呼びかけるとすぐに戻って来られる、きょうりゅうの住む沼のあたり。

「みみをすます」で谷川さんは、宇宙に遊びに行った後、自分と一緒に年をとる。嫌な音、痛い音、なつかしい音をたくさん聞いて成長する。映画を見て、ニュースを聞いて、恋人と話して、二人でひとつのことに耳をすます。やがて現在と同じように、未来にも耳をかたむける。「みみをすます」はぼくの終わらない映画。「あしたの、まだきこえないおがわのせせらぎ」に耳をすませば、「きのうのあまだれ」がまた聞こえる。

（2002.5）

新聞を買った帰り道

朝早く起きてセントラルパークまで走りに行くとき、一ドル札を持って行く。帰りに「ニューヨークタイムズ」を買うために。小さくたたんでビニールの袋に入れてから半ズボンのポケットに入れる。汗でぬれたお札を受け取るのはお店の人も嫌だろうから。公園に行くときにはまだ来ていなかった新聞が、帰り道にはそろっている。「ニューヨークタイムズ」「ニューヨークポスト」「デイリーニューズ」「USAトゥディ」。店頭に平積みされた新聞や雑誌を買うとき、わざわざ上から二番目を抜き取るのはニューヨークの人もいっしょ。時計の針を一時間進ませていた夏時間が、そろそろスタンダードタイムに戻る十月の下旬の朝、寒そうに地下鉄の駅に向かう通勤の人たちとは逆に、新聞を小脇にアパートに帰るぼくには、熱いシャワーと暖かいコーヒーが待っている。

日曜版のとんでもない分厚さには最初驚いたけど、平日でも「ニューヨークタイムズ」は日本の新聞よりかなり分厚い。世界やアメリカ国内のニュース、ニューヨーク

市内のニュース、スポーツ、経済と、セクションごとに分かれて束になっている。あまり興味のないスポーツや経済、車やハウジングなどのセクションは真っ先にわきによけて読みもしない。そうすると分量はちょうど日本の朝刊ぐらいになる。その中で一番楽しみにしているのはアートのセクション。開催中の展覧会の記事を読むのはとても楽しい。もしもアメリカの大学に行くのなら、美術批評の勉強がしてみたいなと思うことがある。コンサート評やコンサートの情報にもくまなく目を通す。日曜版には一週間のライブハウスのスケジュールも載るからこれは重宝する。出演者の紹介も簡単に添えてあるから、知らなくても聞いてみたくなる。ぼくは「ニューヨークタイムズ」を情報誌として使っている。

とはいってもぼくは英語がすらすらと読めるわけじゃない。「ニューヨークタイムズ」の記事は長いから、わからない単語を辞書でひいていたらあっというまにお昼になってしまう。だからわからない単語は飛ばして読んでいく。そうするとよく知っているのに意味はわからない単語がふえていく。後で辞書で調べて、こういう意味だったのかと驚いたりする。それと同じようなことが日本語にもいえる。このごろ読み方のわからない漢字によくでくわす。見なれた漢字なのに読み方がわからない。いちいち調べるのが面倒だから、自分の中だけで仮の読み方をしていたらそれが身についてしまっていたのだ。ぼくは日本語も飛ばし読みしてきたようだ。

(2003.10.18)

映画館を出たら

映画館を出たらそこは雪国だった。歩道はくるぶしが隠れるぐらいの雪に覆われていた。消火栓から吹き出した水はそのままの形状で凍っていた。バスやタクシーも雪の中を走っていた。ぼくとユミも雪の中にいた。映画を見ていたほんの二時間の間に積もった雪だった。雪は止みそうにもなかった。そのまま降り続けば、翌日のニューヨークは完全にマヒしていたにちがいない。だが地下鉄に乗っている間に雪は止んだ。雪が止むと地上はとても静かになった。短時間に積もった雪を踏みながら、夢からさめたような小道をアパートまで帰った。

　翌日ぼくたちは日本に帰ることになっていた。ＪＦＫ空港の発着便の情報を知りたくて朝から大きな音でラジオをつけていた。たくさんの学校が休校になるらしい。ゴミの収集、郵便の集荷などは通常通りだという。ひっきりなしに繰り返される道路情報。だけど飛行機に関する情報は得られない。直接航空会社に電話でたずねたら、「オンタイム」とそっけない返事。高ぶっていた気持ちも急速にさめ、大慌てで予定通りの帰り支度をはじめた。

　今年の一月のニューヨークでぼくたちは二回大雪を体験した。そして摂氏マイナス十七度という、ニューヨークでは百十三年ぶりの寒さも体験した。インターネットでみてみると、摂氏マイナス十七度は北海道の旭川の気温と同じだった。旭川はニューヨークの百十三年ぶりを毎日やっている。雪に覆われた公園で写真を撮ってると、「夢がかなったね」と犬に話しかけている女性とすれちがった。鳩が寒そうに高速道路の橋げたで羽根を縮めていた。橋げたをくぐると、普段は大きな貨物船も行き交うハドソン川が凍結していた。ぼくたちは動かない川のおもしろさにいつまでも見とれていた。

　降り積もる雪も知らないで、ぼくたちが見ていたのはソフィア・コッポラ監督の『ロスト・イン・トランスレーション』という映画だった。東京の渋谷を舞台にしたこのコメディのタイトルバックに、はっぴいえんどの『風をあつめて』が使われていた。本編に日本人の若者がカラオケでこの歌をがなるシーンはあったものの、最後にオリジナルが流れてきたときにはちょっと感動してしまった。渋谷のホテルで出会った取り残されたような二人のアメリカ人。一人はＣＭの仕事で来日した中年の男性俳優、もう一人はファッション・カメラマンの夫に同行してきた若い妻。同じような取り残された境遇にどことなくお互いにひかれていくというこの映画は、ぼくにはコメディというよりも年の離れた男と女の友情の映画だった。

（2004.4.3）

木の幹に聴診器をあてる

高山市のはずれに住むぼくの友人が、聴診器を持って山歩きに連れていってくれた。お弁当ではなく聴診器だ。それで何をするのかというと、木の幹を流れる水の音を聞くのだという。それは春のはじめで、高山の山にはまだ雪が残っていた。ぼくはわくわくしながら彼の後をついて行った。

ほんの少し上がったところでぼくたちは足を止め、あたりの木に聴診器をあて、水の流れる音を聞こうとした。友人が言うには、ゴーッゴーッとかなり大きな音をたてて、水は幹の中を流れているらしい。だがぼくにはそんな音は聞こえなかった。友人にも聞こえないようだった。「たぶん、まだ冬だから、木は眠っているんだね」とぼくたちはまた、役に立たなかった聴診器をぶらぶらやりながら降りてきた。

それからしばらくして、ぼくは横浜の東急ハンズに聴診器を探しに行った。顕微鏡などの売り場でそれはすぐに見つかったけど、意外だったのは聴診器が、木の中の音を聞くという自然観察的な目的のために売られていたことだった。ぼくが子供の頃は、

それで友だちの心臓の音を聞いたりして遊んだものだったが。スーツケースの中の衣類の隙間に無造作に聴診器をつっこんで、ぼくたちはまたニューヨークに飛び立った。
　アメリカの人たちも紅葉を楽しむことを知ったのは、「ニューヨークタイムズ」の天気予報欄で紅葉情報を見つけたときだった。紅葉情報は「もうすぐ」と「真っ盛り」と「後」の三段階に色分けされていた。ニューヨークはそのときすでに「真っ盛り」を終えていた。セントラルパークの木々は休みなく黄色くなった枯れ葉を地面に降らせる。その様子はまさに雪が空から降るのに似ていた。そこでぼくは秋のセントラルパークを言葉で絵にしてみた。

かわいた手をひろげ

黄色い枯れ葉の雪が降る
朝も昼も夜も
黄色い枯れ葉の雪が降る
これが秋のニューヨーク
これが秋のセントラルパーク

（友部正人詩集『夜中の鳩』より）

聴診器を木の幹にあてて聞いてみたが、セントラルパークの木々もただ沈黙しているだけだった。もう長い間雨が降ってないのか、地面はぱさぱさに乾いていた。ぼくにはそれが、何も聞こえない理由のように思えた。地面の水分を吸い尽くして、木々は今長い冬を待っているところだって。役に立たなかった聴診器をまたぶらぶらさせて、美しい橋のかかる池まで妻と二人で行ってみた。春には桜が満開になる丘の斜面に腰を下ろし、どこかでちょろちょろと流れる水の音を聞いていた。

（2004.11.6）

詩は未来の言葉

　二〇〇三年の十一月にパリに行った。きっかけは十四人編成の友だちのバンド「パスカルズ」がフランスツアーをするというので、それを見ておきたかったのだ。彼らのツアーは南フランスのリモージュという町から始まり、ニューヨークから行ったぼくと妻は、三日目のポワティエで彼らに合流した。パリの友だちと一緒にTGVでパリからポワティエに行き、コンサートを聞き（なんとぼくも一緒に一曲歌った）、バンドのみんなと同じホテルに泊まった。ポワティエは千年以上時間が止まったままのような、古い夢のような町だった。

　十一月のパリは東京の真冬のように寒かった。その寒いパリで、ぼくと妻は墓地巡りをしたり、一時間ごとにイリュミネイションが点るエッフェル塔に上がったり、古い教会でコルシカ島の民謡を聞いたりした。そして最後に行ってみたのがカルチェ・ラタンにあるシェイクスピア・アンド・カンパニーという本屋だった。

　以前、「朝日新聞」の日曜版にこの書店のことが大きく取り上げられていた。ここ

で売られているのはフランス語ではなく、英語やドイツ語の本ばかり。店員もお客も、ここでは英語を話していた。昔はお金のなくなった旅人を泊まらせたり、アルバイトさせてまた送り出したりしたらしい。「でもそれは昔の話」とパリに長く住んでいる友だちのマチルダは言う。本を買うとページにシェイクスピアの顔の入ったスタンプを押してくれるので、グリール・マーカスの『ボブ・ディランのベースメント・テイプス』を買った。

ニューヨークにもシェイクスピア・アンド・カンパニーはある。八十丁目のブロードウェイにあった店はもうだいぶ前になくなってしまったが、ダウンタウンの店は今もちゃんと営業している。新刊の小説、伝記、詩や写真集などが手にとりやすいようにディスプレーされていて、マンハッタンでぼくの一番好きな本屋の一つだ。ぼくがポエトリー・リーディングを日本でやろうと思ったのも、ここがきっかけだった。この店のショウウィンドウで見つけた「詩は未来の言葉」という文句にくぎ付けになった。ちょうどポエトリー・リーディングがブームになっていた、今から十年ぐらい前のことだった。

それからぼくは、あっちこっちのニューヨークのポエトリー・リーディングの集まりに顔を出すようになった。英語は全然わからなくても、未来は感じられるだろうと思ったから。そして毎年元旦のお昼から深夜まで開かれる、セント・マークス教会のポエトリー・リーディング・マラソンにたどり着いた。百人以上の詩人が元旦に詩を読むこのイベントこそ、未来の言葉と呼ばれる詩に最もふさわしい祭である。

（2004.10.10）

ファルマウスへのバス旅行

二〇〇四年十一月一日月曜日午前六時半、ぼくとユミはマサチューセッツ州ボーンのバス停で、乗り換えのバスを待っていた。駐車場のはずれにスーパーマーケットがあって、その入口にぽつんと待合室のようなものがあった。そこでテイクアウトのベジタブル・スープなどを飲みながら、七時ごろ来るはずのニューヨーク行きのバスを待っていたのだ。駐車場には仕事に向かう人たちがひっきりなしに車でやって来て、マーケットでコーヒーやドーナッツを買ってはまた走り去って行く。そんな平日の朝に、旅行鞄を持ったぼくたちはどうも不似合いだった。

土曜日からぼくたちは、ファルマウスという海沿いの村に来ていた。村はさそりのしっぽのような形をしたコッド岬の根元に位置する。ニューヨークからバスで六時間かかってファルマウスに来たのは、日曜日にぼくがケープコッド・マラソンを走るためだった。自然の中を走るケープコッド・マラソンは坂も多く、去年のニューヨークシティ・マラソンより早い時間でゴールできるとは思わなかったが、三時間三十三分

で完走することができてうれしかった。ひんやりとした朝もやの林道や、気持ちのいい海岸の道をぼくは黙々と走った。ニューヨークとは異なり沿道の見物人も少なく、代わりに光や風や白い燈台が応援してくれた。今までニューヨークしか走ったことのなかったぼくは、こんな自然の中のマラソンレースをずっと夢見てた。

ケープコッド・マラソンは毎年十月の最後の日曜日に実施されていて、今年はそれがハロウィンの日と重なった。メイン・ストリートの児童書専門店では道行く人たちにキャンディを配り、お姫様に扮した白人の少女たちが、親に連れられて行き来していた。メイン・ストリートには観光客向けに、こぎれいなお店が書割のように並んでいた。メイン・ストリートは村の商店街の名前でもある。歩けば五分ぐらいで途切れる商店街のはずれのモーテルにぼくたちは泊まった。遠くから車で来たマラソンに参加する人たちで、村のペンションやモーテルはどこも満室だったようだ。鯨見物で有名なこのあたりに観光客が訪れるのはおもに夏のことだから、この時期に満員になるのは異例のことにちがいない。レースの前夜、大きな中華レストランに行くとそこも満席で、ポケベルのようなものを持たされて三十分ぐらい待たされた。ぼくたちが食べたその店の料理はどれもおいしかった。それに中華料理は注文した後、あまり待たなくていいからうれしい。白人でいっぱいのレストランに東洋人の客はぼくたちぐらいで、ファルマウスでは黒人や東洋人には数えるほどしか出会わなかった。

途中プロビデンスという中ぐらいの都会で一回休憩をして、そこでワンクッションおいたものの、バスがニューヨークに着いたとき、ぼくたちは別世界から戻って来たような気がした。道ですれ違う観光客にハローと挨拶してくれるファルマウスの人たちの柔らかい雰囲気に比べると、ニューヨークの地下鉄の乗客がみんなつんつんしているように思えてならなかった。

（2004.12.11）

ショーウィンドウでポーズをとる犬

十年ぐらい前のニューヨークでは、お店の中やショーウィンドウで猫や犬をよく見かけたものだった。猫は古本屋の中古レコードの上で手足をのばして眠っていたり、レコードジャケットで爪を研いだりしていた。入り口に悩ましげに寝そべって、客の呼び込みをしている靴屋の猫もいた。口元が妙に色っぽかった。

ユミが何度も出かけて写真を撮ったのは、チェルシーにあった古本屋の猫だった。作家のソルジェニーツィンによく似た店主が教えてくれたその猫の名前はタフィーだった。魔法使いのお話に出てくるような毛が灰色の猫で、ユミがカメラを向けると賢者のような目でレンズをにらんだ。最初からビルに「Ｆｏｒ　Ｓａｌｅ」の看板が表に出ていたその古本屋は、しばらくするとタフィーと共に魔法のように消えていた。

イーストビレッジで見かけた左官屋の棟梁のような猫は、片手を戸口にかけたまま立ち上がって遠くを見ていた。猫には猫の一日がある、そう思わせるような風情がその猫にはあった。一軒家のないマンハッタンでは、猫も犬も自由にアパートやお店を

出入りできない。犬は散歩に連れて行ってもらえるが、猫は散歩をしないから一生建物の中にいることになる。だからマンハッタンでは通りを歩く猫に出会わない。ねずみはわんさといるのに、猫がいないのはどうも変でしょうがない。

日本でもたまに猫のいる喫茶店がある。猫のお気に入りの椅子には猫の毛がいっぱいこびりついていて、客がそこにすわろうとしてもゆずろうともしない。結局猫と半分半分でひとつの椅子を使うことになる。

ぼくは犬は飼ったことがない。ジョギングしていて吠えられたりすると、帰りにその道はもう通りたくはなくなる。犬が飛びついてじゃれようとしても、飼い主は笑って見ているだけで、ぼくが困っていても止めようとはしない。でもそれは日本でのことで、ニューヨークではまだ一度も犬に吠えられたことはない。だからニューヨークでは犬を怖いとは思わない。

リトルイタリーの近くを歩いていたら、洋服屋のショーウィンドウの中でポーズをとっている奇妙な柄の犬がいた。犬はそこがとても気に入っているのか、四角い台の上に前足をのばしてすわり、満足そうに遠くを見ている。ショーウィンドウの外から写真を撮ろうとすると少しもじもじするが、所詮は外の世界のことさ、とまた気をとりなおしてポーズをとっている。

犬や猫がいてもおかまいなしのところが良かったのに、最近ニューヨークでもそういうお店が少なくなってきた。東京にはないおもしろいところが、ニューヨークからどんどんなくなっていくようだ。

（2005.2.26）

バレンタインにはタルトを食べよう

ソーホーのスプリング通りにセシセラというケーキ屋がある。ここの入り口にあるガラスケースには、いつも何種類ものおいしそうなタルトが飾られている。洋ナシや苺やぶどうがどっさりとのったタルトを見ると、ぼくは西洋の貴婦人を連想する。苺は赤い唇のようだし、ぶどうは高く結い上げた髪のようだ。辞書を引くと、タルトという言葉にはスラングで売春婦という意味もあるらしい。タルトの上の色鮮やかな果物が、娼婦を連想させるのだろうか。たしかに苺はとても毒々しい。それに比べて、ただ生クリームを塗りつけただけのシンプルなケーキは、白いユニフォームで働く清廉な女の人という感じがする。同じように甘いお菓子なのに全く正反対のイメージだ。

パリに住むぼくのフランス人の友だちは、「フランスへ来たらタルトを食べるべきよ」と言う。本当は生クリームをたっぷり使ったケーキも好きなのだが、太るのを警戒しているのだ。ニューヨークにはセシセラのようなタルトの店が多い。ぼくがはじめてタルトを食べたのもフランスではなくニューヨークでだった。それまでずっとぼ

くは、生クリームの上に苺がのったのがケーキだと思っていた。だから果物が山のようにのったタルトは最初は謎だった。

セシセラの奥にはテーブルが四つか五つあって、こぢんまりとした喫茶室になっている。テーブルとテーブルが近いので、話の内容がまるわかりなのに、誰もそんなことは気にしていないようだ。主に地元の若い人たちがコーヒーを飲みに来る。絵葉書を書いている観光客もいれば、日本人同士が日本語で話していることもある。どのテーブルにも一様にコーヒーカップとケーキの小皿がのっている。スピーカーからは西アフリカのセザリオ・エボラの歌が流れ、カフェオレやカプチーノは大きなボールに入ってくる。何から何までとてもフランスっぽい。

一年前の二月十四日、ハウストン通りとブロードウェイの角の花屋では、花が飛ぶように売れていた。その日はバレンタインデーで、アメリカでは男性が愛する人や心に思っている女性にカードと花を贈ることになっている。ぼくとユミはその花屋からすぐ近くのユーズドブックカフェで本の立ち読みをしていた。するとそこへひとりの長髪の若者が、花束を抱えてドアから入ってきた。店の奥で本棚の整理をしていた娘に近づくとふたことみこと話しかけ、両手で花束を手渡してまたドアから出て行った。ほんの二、三分の出来事だった。娘は若者を知らないようだった。若者は前にここで娘を見ていたのだろう。そしてバレンタインの日が来るのを待っていたのだ。娘は花をスタッフルームに置きに行くと、また元のように本棚の整理を始めた。エプロンのポケットには、若者からもらったカードが入っていた。

そんな無言劇を見た後、ぼくたちの足は自然にセシセラに向かった。二人で何か甘いものが食べたくなって。

（2005.1.22）

リアリティへの亡命
——宮沢和史『SAFETY BLANKET 1991-1998』を読んで

この『SAFETY BLANKET 1991-1998』は、宮沢くんが三十三歳になるまでの十年間に書かれたものだという。散文と詩で構成されているけど、詩は散文の内容には関係なく挿入されているように思える。散文の中の宮沢くんと詩の中の宮沢くんを別々に読むことができる。だから散文は散文だけに、詩は詩だけにまとめてもいいのだろうけど、その二つを交互に読むことで、宮沢くんのいろんな時期の様々な現在がより生々しく伝わってくる。文字だけなのに、宮沢くんがぼくの目の前にいるような気がしてくる。読んでいると返事がしたくなってくる。

それはたぶんぼくが宮沢くんと話をしたことがあるからだろう。宮沢くんとは何回も話をしたことがある。はじめて宮沢くんと話をしたのは、一九八〇年代の後半から九〇年代の前半にかけてぼくがやっていた「待ちあわせ」というコンサートシリーズに出てもらったときだった。そのコンサートのためにぼくは「すばらしいさよなら」

という詞を書き、それに宮沢くんが曲をつけてくれた。詞を渡した翌日にもう曲がついて、リハーサルをしようというのでぼくは驚いてしまった。コンサートは下北沢のタウンホールで行われた。ぼくがブームの歌を歌ったり、ブームの歌の替え歌を歌ったり、ウッディ・ガスリーを歌ったりと、今思えば短期間の準備のわりにはいろんなことができたものだと思う。そのときのコンサートのおかげか、今でもブームのファンの女性がぼくのライブに来てくれたりすることもある。ぼくにはブームのファンの女性は品がよくてはきはきしている印象がある。その印象が、ぼくの宮沢くんの印象にも重なるからおもしろいと思う。歌手とファンというものは、性格も似るものなのだろうか。

宮沢くんと話していて、ぼくはいろんなことを勧められた。たとえば沖縄に行ったらぜひひめゆりの塔を訪ねてみるべきだとか、リントン・クエッシ・ジョンソンみたいな音楽をやったらどうかとか。勧められてぼくはひめゆりの塔にも行ったし、リントン・クエッシ・ジョンソンのコンサートも聞きに行った。勧められたら行くので、宮沢くんもぼくにいろいろと勧めるのかもしれない。ぼくは知らないことが多すぎるので、人から何かを勧められるのがうれしい。勧められて体験すると、やっと勧めてくれた人との対話がはじまるような気がする。対話がはじまっても、すでにその人はぼくの前にはいないわけだけど。だけどぼくは今までそうやって誰かと対話してきたように思う。

『SAFETY BLANKET 1991-1998』にはたびたび釣りのことが出てくる。彼に釣りを教えたのは彼の父親らしい。子供の頃から彼は父親と一緒に釣りにでかけていた。黒部や飛騨高山など、かなり山奥まで行っていたようだ。大人になってからは一人か、バンドのメンバーと一緒に行ったりしている。車を降りてから釣り場まで一時間も二時間も歩くというからすごい。山道を歩きなれているようだ。そういったときの深呼吸が伝わってくる、この本の中の釣りに関する文章がぼくは好きだ。自然の描写もとても生き生きとしている。宮沢くんという人はこういう人なのだと思える。都会の描写よりもずっといい。宮沢くんはいいお父さんを持って幸せだな。どんなに忙しくても釣りをやめないい宮沢くんもいい奴だ。こうして父親と子の恵まれた関係が続いていく。

一度宮沢くんの家に行ったとき、彼はぼくに釣竿を見せたがった。そのとき断ったことを、ぼくはこの『SAFETY BLANKET 1991-1998』を読んでいてとても後悔した。この彼にとって特別なことを共有しようとしなかったことによって、ぼくは宮沢くんと友だちになれるチャンスを永遠に逃したような気がしている。今さら「ちょっと見せてよ」というのもかなり不自然ではないか。子供のとき、ぼくにも釣りを好きになるチャンスはあった。ぼくの父親は家庭的ではなかったが、小学校の友だちがぼくを釣りに誘ってくれた。釣りたかったのはフナだった。だがフナは一匹も釣れず、ザリガニを餌にした雷魚ばかりが釣れた。あのときフナを釣っていたら、ぼくは宮沢くんの釣竿にも興味がもてたかもしれない。

詩を書くようになったのは父親の影響ではないようだ。彼はいつのまにか詩を書くようになっていた。詩は彼の原点でもある。だから詩を書くと彼の気持ちは自然にそこに戻っていくようだ。それは中学生ぐらいのときだったのだろうか。何歳になっても、彼は詩を書くことによってそこに戻っていくことができる。そんな彼を成長に導いたのが音楽だった。彼が一番大きな影響を受けたのはイエロー・マジック・オーケストラだったようだ。あんなに日本中が大騒ぎしたのに、ぼくはイエロー・マジック・オーケストラを一度も聞かなかった。だから宮沢くんがその音楽にどんな影響を受けているのかぼくにはわからない。だが彼を成長に導いたのは影響を受けたイエロー・マジック・オーケストラではなく、自分自身の音楽だった。彼は自分の音楽を作ることによって自分で成長していった。『SAFETY BLANKET 1991-1998』は二十代前半から三十代前半にかけての十年間に書かれているから、音楽によってみるみる成長していく宮沢くんの変化の様子がよくわかる。宮沢くんは音楽によって成長して、詩によってまた原点に立ち戻っている。

海なんて　僕の想い出には住みついていない
なのに　なんで　こんなに海が
あの海が　いとおしいのか

君とあんなに山や湖を走りまわったのに
なぜ　今　こんなに山々や波ひとつ立たぬ
あの湖が　こわいのだろうか

想い出が　つぶやくのはひとつだけ
陽が昇る方角だけだ

宮沢くんの詩には、たまに笑わせようと書いた詩がある。書く前に本人が心で笑ってしまっているのは確かだが、そこにはまったく気にならないぐらいの作為がある。でもこの「海なんて」ではじまる詩にはそれが見られない。自然の中にひとりぽつんといたら、こんなことを思うものではないだろうか。ここには人が何かを思うことの不思議が書かれている。不思議がおもしろく読めるのは詩に書かれたときだとぼくは思う。

年をとっては　一つ覚え
年をとっては　一つ忘れ
思い出がたくさん欲しい
　何のために？
未来がたくさん欲しい
　何のために？
この一瞬をかけぬけていきたい
この一瞬はだれにとっても
平等に一瞬だ
あなたのためになんて言わない
あなたとかけぬけていきたい

音楽は人を旅へと誘う。宮沢くんが世界を旅するようになったのも、音楽と出会ったからだと思う。旅は一瞬のかたまりだ。旅をすることによって、宮沢くんの中に一瞬がかたまっていく。一瞬がかたまった人間になっていく。たくさんの旅を経験した人は、たくさんの一瞬を持っている。音楽が宮沢くんを成長させたのは、音楽が旅をさせたからだと思う。ミュージカルで、レコーディングで、余暇で、彼は実にいろんなところに出かけている。その中でもタイやブラジルやバリ島に行ったときの話が興味深い。思い出や未来がたくさん欲しいと思うのは、旅をする人の特徴である。

新しいフライパンを買った
前のヤツのコーティングがはげてきて
もう使いものにならないからで、
それだけの理由だが
三年間　何人かの手によって　いくつかの
夜　朝をにぎわせてくれたから
どうしても　それよりも値段が高いやつには
手がのびなかった　悪いかなと思って

どうでもいいことだとは思ったが
そうでもないことだとも思った

前に使っていたフライパンに「悪いかな」と思ってしまう、若くてまだためらいがちな宮沢くんを僕は身近な人として感じる。「虫の視線でものを見たくなった」という詩は、ぼくがプロデュースしている詩の朗読のCD『no media 1』でも朗読してくれているけど、そんな宮沢くんだからこそ、足元の虫と添い寝したくなったのだろう。虫の方はそれでどう感じただろう。フライパンにも虫にもなれたやわらかい心は、やがて成長して怒りを知る。「もはや」ではじまる詩では、「何も意見を持たぬ人の群れ」を「しめじのパック」と呼んでいる。しめじに悪いとは思わないし、自分もパックされてしめじの仲間になろうとも思わない。それよりも、「現実の中の自分に」向かって、「おまえはバカか」と言えるものになってみたいと書いている。「死ぬまで歌うたいでいる」とはそういうことかもしれない。

東京に来て十四年
それまでの十八年をすっかり忘れるほど
いろんなことがあった
子供の頃の自分を失っていくことに　さみしさはなかった
むしろ　思い出に歯向うように
新しい毎日と手を結んできた
今日　夜の七時　雨のようなカエルの声を聴いた

一瞬にして　田舎にいた頃の自分に戻った気がした
—カンタンに思い出を葬りさることはできない—
雨の降りはじめの匂いや　山にかかる霧の匂いを
かぐだけで　いつだって
子供にかえることができる

確かに誰にだって子供時代はあったのだと思う。だけど誰も子供じゃなくなることはできない。宮沢くんが釣りをやらなくなる日は来ないし、詩は永遠に「雨の降りはじめ」や「山にかかる霧」の匂いであり続けるだろう。『SAFETY BLANKET 1991-1998』を読んでいて、ぼくは一緒に長い道のりを歩いたような気がした。父親と行ったときの記憶を頼りに、まだ一度も行ったことのない釣り場をめざして、宮沢くんは山道を歩き続けている。

（2004.11）

旅人同士――坂本龍一について

ぼくは坂本龍一をリュウイチと呼んでいました。まだ彼がデビューする前のことです。だからここでは彼のことをリュウイチと書くことにします。

リュウイチをぼくの友人から紹介されたのは、新宿のゴールデン街の飲み屋でした。その友人はリュウイチの友人でもあったようです。ぼくはレコーディングの帰り道で、もしかしたらそのレコーディングがあまりうまくいっていないことなどを話したのかもしれません。翌日彼はその友人と共に六本木のスタジオに来てくれました。

それはぼくの四枚目のアルバム、『誰もぼくの絵を描けないだろう』のレコーディングのときで、最初は豪快な演奏が得意な洪栄龍とスラッピージョーが全曲バックをしてくれることになっていました。ところが録音する予定になっていた曲がどれも、彼らの豪快な演奏には合わなかったのです。ある程度まで進んだところで、このレコーディングは中止になりました。彼らの熱い演奏が、ぼくの寒い歌に合わないことが、まったくぼくには想像がつきませんでした。

スタジオに入ってくるなりリュウイチはピアノの前にすわりました。そしてぼくが「あいてるドアから失礼しますよ」を歌い始めると、まるで次のコードを知っているかのようにピアノを弾き始めました。ぼくはまだ何も言っていなかったのです。普通ならコードぐらいは聞くはずですが、リュウイチはそれもしなかった。おかげで自然なレコーディングが進行しました。後にも先にもそんなレコーディングは体験したことがない。リュウイチだからこそできたことなのでしょう。でも矢野顕子さんに言わせると、「彼って昔、こんなにヘタだったの？」ということになってしまう。もちろんぼくはすぐに矢野さんに説明しました。このとき彼は何も知らなかったこと。知らずに、ただぼくの歌を聞きながらピアノを弾いていること。

それはぼくが本当に望んでいたようなレコーディングでした。まだどんな曲なのかもわからないのに、彼が先にピアノを弾き始めたりとか。そんなとき彼は全身が耳になっているようでした。だからぼくはこのレコードを聞くたびに、誰かが耳をすましているように感じるのです。レコードの中に誰かがいて、じっと耳をすましているよぅな。音楽の中に誰かがいて、じっと何かに耳をすましているなんて、素敵だなあと思いませんか。

レコーディングの翌年の一九七五年一月、『誰もぼくの絵を描けないだろう』がCBSソニーから発売されました。そのときぼくは二十四歳、彼はぼくより二歳ぐらい年下だったと思います。ぼくには髭はなかったけど、彼には無精髭があり、いつもディスクユニオンのレコード袋を持っていた。身なりはどちらもどっこいどっこいでした。アルバムが出て、そんな二人がツアーに出ました。どこをどう歌い歩いたのかもう覚えていないけど、京都には何度か行ったような気がします。そして京都の街の中を流れる川の水は、ピアノの音によく似ているなあ、と思ったものでした。

その頃ぼくはいつもキース・ジャレットの『フェイシング・ユー』というLPレコードを持ち歩いていました。そのレコードをはじめて聞いたのは当時烏山にあったロック喫茶のロフトでした。リュウイチがリクエストをしてぼくに聞かせてくれたのです。言葉のない音楽はあまり聞いたことがなかったのに、キース・ジャレットの即興演奏は一度で好きになりました。それで、旅に出るときも持ち歩いていたのです。ちょうどお気に入りの文庫本のような感じでした。

ツアーの最後は大阪の島之内教会でした。ライブの後に、「もっといろんなコードを使ってみたら」、とリュウイチから言われました。その頃のぼくはスリーコードの呪縛にとらわれていました。一年ぐらいして再会したとき、彼はぼくの新曲を聞いて「おもしろいね」、と言ってくれました。コードの進め方を変えてみたのです。そんなささいなことはきっと彼は覚えていないでしょう。

彼とレコーディングをした頃は、ぼくが半年間のアメリカ旅行から帰ってきて、まだまだ旅の気分でいるときでした。東京にいるのに旅人気分。旅で身につけた不安定な感じを失いたくなかった。ゴールデン街で彼に会って、レコーディングに誘ったのも、そんな旅人気分からだったのかもしれません。一緒にレコーディングをしようよ、というよりは、一緒に旅に出ようよ、という感じ。だからこそレコーディングはあんなにスムーズにいったのでしょう。ぼくたちの旅に打ち合わせは必要なかった。

今でも『誰もぼくの絵を描けないだろう』を聞くと、旅をしている気分になります。アルバム全体が一曲の旅になっていて、ときどきテーマソングのようにピアノが聞こえてくる。十一曲のうち彼がピアノを弾いたのは三曲だけなのに、そのピアノはアルバム全体に影響を及ぼしています。実際には彼はどこか夜の果てにいて、ピアノを弾く手をただ休めていたとしても。

（2009.4）

高階杞一の言葉

「たんぽぽ」という詩はいきなり悲しい情景で始まる。踏切が死んだ子供とお父さんを隔てている。向こうに渡ろうとするが、なかなか電車が来なくて渡れない。無理やり渡ろうとしたら電車が来て、遮断機が開いたときにはもう息子は消えている。

この「たんぽぽ」という詩が入っている『夜にいっぱいやってくる』しかぼくは高階杞一の詩集を持っていなかった。この詩集には「川の字」という忘れられない詩も入っている。お父さんとお母さんと真ん中には子供の小さな骨壺……。

普段は詩集なんてあまり買わないぼくの妻が、もう何年も探していた本があって、それが高階杞一の詩集『早く家へ帰りたい』だった。偕成社から出ているこの本は絶版になっていて、古本屋を探してもなかなか見つからなかった。砂子屋書房版の現代詩人文庫に高階杞一詩集があって、その中に数編だけ『早く家へ帰りたい』からの詩が入っているのを見つけ、それを買って妻に見せたりしていたが、その後、妻はいつのまにか『早く家へ帰りたい』を手に入れていて、逆にぼくはそれを借りて読むことになる。

『早く家へ帰りたい』の中のどの詩にも、四歳になる前に死んだ一人息子の雄介くんとのことが書かれている。春の土手に腰かけて、雄介くんと一緒に空に昇って行く風船を眺めている。「死ぬときは、ちょうどあんな具合に帰っていくのかもしれないな」と。いつも空を見てしまうのは、もう一度天国から戻って来て、と願うから。そんな作者の思いは、いつのまにか読者の思いにつながってくる。そして、百ページほどの詩集なのに、ぼくの中で何百ページもの本になる。どうしてこの本は終わらないのだろう、と思って読んでいると、巻き戻されて、また最初から読んでいることがわかる。閉じてみると、また開きたい気持ちになる。それはたぶん、この作者が「早く家へ帰りたい」という詩の中で書いていることに似ている。読者もまた、本の扉をあけるところから、やりなおしたくなるのだ。

「早く家へ帰りたい」はこの詩集の中では一番長い詩で、詩の最後はこう締めくくられている。

ぼくは
　早く家へ帰りたい
　　時間の川をさかのぼって

あの日よりももっと前までさかのぼって
もう一度
扉をあけるところから
やりなおしたい

サイモンとガーファンクルの六〇年代のヒット曲「早く家へ帰りたい」の主人公はツアー中のシンガー・ソングライターだ。彼にとっての家とは、安らぎと好きな音楽と愛する人の待つ場所。だがプラットフォームで電車を待つ彼の行先は愛する人の待つ家ではなく、公演先での空っぽの暮らし。

高階杞一の詩「早く家へ帰りたい」の父親にとっての家とは、まだ息子が生きていて、家族で一緒に暮らしている場所。歌の主人公も詩の父親も、帰りたかった家からは遠ざかって行くばかり。遠ざかって行く旅人が数える駅は父親にとっての過ぎ去っていく日々。それでも二人に共通しているのは、前を見て生きていることだと思う。何度も、扉をあけるところからやりなおしながら、前を向いて生きている。そうして遠ざかって行く日々がよりリアルになっていく。

高階杞一の言葉は、ときどき空に浮かんでいるように見える。だけどそれが空ではなく、ぼくの心の中だったと知ってぼんやりとする。ぼんやりとして、少し悲しくなる。

喫茶店や電車の中で詩を読むのはなんだかむずかしい。ごちゃごちゃした環境に邪魔されてなかなか頭に入ってこないから。だけど、高階杞一の詩はなぜか読める。言葉に集中することができる。

実際にあったことを言葉にするのはむずかしい。「早く家へ帰りたい」を読んで、ぼくはそのことに気づいた。むずかしいから、実際にはなかったことに逃げてしまう。みんな実際にはなかったことを書くのがうまい。たまには扉をあけるところからやりなおして、実際にあったことを言葉にしてみよう。ぼくにはそのことが欠けていた。日曜日の午後の電車の中、大勢の乗客がスマートフォンに目をやる中で、一人詩集を読みながらぼくはそんなことを思っていた。

（2013.5）

マスタードとカーネギーホール——森山直太朗のこと

森山直太朗と御徒町凧（おかちまちかいと）が二人でニューヨークに遊びに来たときのことを書こうと思う。

直太朗くんがランニングをしていると聞いて、ぼくとユミが「セントラルパークを走りにおいでよ」と二人を誘ったことがあった。ある日、二人は本当にランニングシューズを持ってニューヨークにやって来た。初日はセントラルパーク、十キロのコースを一周した。翌日はハドソン川沿いをハーレムまで往復した。復路は海に向かう下りで、調子よく風を受けて走っていたら、最後のところで直太朗くんに追い抜かれた。ユミと御徒町くんは後ろの方を二人でのんびり走っていた。

ランニング後は二日とも、ぼくたちのアパートに来て朝飯を食べた。御徒町くんがスモークドサーモンが食べたいと言うので、近所のマーケットに一緒に買いに行った。ユミがガーリック味のマスタードも買って、パンにマスタードをぬり、サーモンをのせて食べた。直太朗くんはマスタードが好きで、マスタードだけでもパンにぬって食べてしまうという。わが家の冷蔵庫にはそのマスタードがずいぶん長い間残っていた。たぶんまた直太朗くんがニューヨークに遊びに来るのを待っていたんだと思う。そのうち賞味期限がきてしまい、マスタードは捨てられた。

彼らのたった三日間の滞在で、ぼくらは一緒にいろんなことをした。ボブ・ディランの油絵展も見に行ったし、ランブリン・ジャック・エリオットのライブにも行った。メトロポリタン・オペラにアンナ・ネトレプコ主演の『アンナ・ボレーナ』も見に行ったし、観光名所になっている遊歩道ハイラインパークを端から端まで歩いたりもした。御徒町くんは途中のベンチに大の字になって空を見上げ、「ニューヨークに住みたいなあ。詩が書けそう」と言っていた。カーネギーホールに寄り道したときに、直太朗くんは「子供のときに母とここに来た」と言っていた。その一言は、マスタードのことと同じようにぼくの心に残った。どうもぼくは直太朗くんがどんな風に育ったのかに興味があるみたいだ。

マスタードとカーネギーホール、この二言で、ぼくにどんな物語が書けるだろうか。直太朗くんがパンとマスタードで育ち、やがてカーネギーホールの舞台に立つまでの物語。大好きなものにはたいてい賞味期限があるが、森山直太朗にはまだその日付が書かれてはいない。

（2016.9）

中原中也の言葉の故郷

鼾(いびき)がうるさいからと妻に布団から追い出された。どうせ七時半には起きなければならなかったから、まだ時間はあったけど、ソファで『中原中也全詩集』を読み始めた。やがてホームベイカリーのブザーが鳴って、パンが焼きあがったことを教えてくれた。ホームベイカリーだから失敗はないが、それにしてもいい出来上がりだとうれしくなった。

フットボールが出てくる詩があった。中原中也の時代にも、日本の子供たちがサッカーをしていたのだろうか。その意外性にぼくは中原中也に急に親近感を覚えた。ぼくが思っていたほど遠い人ではなかったのかもしれない。もしかしたら中原中也はギターだって弾いていたかもしれない。だとしたら歌だって歌っていただろう。詩の中にはハーモニカやカスタネットぐらいしか出てこないけれど。蓄音機も大切にしていたようだ。鎌倉の縁側で、ＳＰでベートーベンやシューベルトを聞いていたのだろうか。ＳＰレコードでクラシックの流れる鎌倉に行ってみたくなった。もしかしたら当時の中原中也に会えるかもしれない。

　中原中也の詩が世に出たのは、最初はスルヤという音楽団体が作曲した歌詞としてだった。諸井三郎という作曲家に会いに行って、作曲してくれと頼んだという。諸井三郎は中原中也が持参した膨大な数の詩から「朝の歌」と「臨終」の二つを選び、作曲をしてスルヤの定期演奏会で歌われた。演奏会の日、自分の詩が歌われるのを聞いて中原中也はどう感じただろう。

　リンカーンの出てくる詩があった。「リンカンさん」と話しかけると「なんですか」とリンカーンは答えていた。（発音ではリンカンが本当なのかも）「エヤアメールが揚がってゐます」「ほんとに」。エヤアメールって何だろう。そう思いながらぼくは本を閉じた。

　そういえば月でチャールストンを踊るお姫様もいた。戦前の流行とはいえ、チャールストンもそんなに昔のことじゃない。まだ全部は読んでないのに、またまた中原中也がとても身近な人に思えてきた。そう思えるにしたがって、有名な帽子を被ったあの写真が遠のいていく。黒マントなんて捨ててもいいけど、「月夜の浜辺」で拾ったボタンが一つ、「どうしてそれが、捨てられようか」。

　中原中也にも一本道という言葉の出てくる詩があることを知って驚いた。それが全詩集の「生前発表詩編」というカテゴリーにあった「秋を呼ぶ雨」だった。ぼくは二十一歳のときに「一本道」という歌を作り、レコーディングをしてシングル盤を発売した。この歌の「どこへ行くのか、この一本道／西も東もわからない」という四番の最初の一行が、「秋を呼ぶ雨」四節目の最初の一行、「何処まで続くのでせう、この長い一本道は」とそっくりなので驚いたのだった（どちらも「四」というところもおもしろい）。ぼくの歌った一本道のイメージは、高架を走る中央線そのものだった。西に走っていく中央線は、夕日のように赤かった。中原中也のいた時代、中央線はまだ高架ではなかった。たとえ中原中也が中央線沿いに歩いていたとしても、一本道というイメージにはつながらなかったのではないだろうか。ぼくが「秋を呼ぶ雨」で読んだ中原中也の一本道は、生活のことのような気がした。

歌を歌い始めた十九歳の頃、ぼくには常に空腹がつきまとった。歌ではまともな収入は得られなかったし、アルバイトも長続きはしなかった。そこでお金がなくなると何もない部屋でごろっとしたり、あてもなく道を歩き回ったりした。東京の阿佐ヶ谷にアパートを借りて半年ぐらいたっていた。年末になるとアルバイトが休みになり、年を越すお金もなくなった。仕方なくツケのきくお店に通うことになる。ぼくのツケがきいたのは吉祥寺にあった一軒のロック喫茶だけ。しかたなくそこまで中央線沿いに歩いて通う毎日だった。お正月の東京は空気もきれいで、西の方がよく見えた。吉祥寺に向かって歩きながら、ぼくは西の方に住む女の子のことを考えていた。

若者にとって、東京は何もしなくても疲れる街だ。ましてや夏に愛する人との別れがあり、秋に一人部屋に取り残されるとなれば、気分が落ち込むのも当たり前だろう。中原中也が書く畳の上に撒かれた灰は、アメリカの一九三〇年代のブルースシンガー、ロバート・ジョンソンが歌った魔よけの白い粉のようだ。眠っている間に悪魔が近づかないように、ベッドの周りに白い粉を撒いたという。そういえばロバート・ジョンソンも中原中也と同じ時代を生きた人だった。ロバート・ジョンソンのシュールな歌詞のように、中原中也の詩もどこかすっ飛んだブルースだ。まともに人の目が見られないような気分にぼくもよくなったものだ。一人でいると誰でもそうなるのだろうか。病気の猫のように、人目を避けて、ただ一日が終わるのを待っている。中原中也の「秋を呼ぶ雨」に、ぼくはその頃のぼくの姿を見た。「精悍な人々」に背を向けて、瞬時にして年寄りになれたらと願っていた。

ぼくは準備に人の三倍は時間がかかる。別にそれは誇張ではないし、威張って言っているわけでもない。ただ一日が二十四時間では全く足りない、と思うことが多い。だから一年はあっというまに終わってしまう。準備ばかりして暮れるのだ。人の一生というものは不思議なものだ。中原中也は三十年で一生を終えたが、それはぼくの九十年かもしれない。朝食の支度をするために、三日もかけていてはだめなのだ。一日目はパンを焼き、二日目はスープを作り、三日目にはコーヒーをいれる、そんなのんびりした感じではだめなのだろう。

それにしたって一日は始まらないこともある。始まらない一日を探すにはどこへ行けばいいのだろう。それは人間に見つけられることなのだろうか。人間は一日を始められるのだろうか。思いつめた男がまたここにいる。「書物は、書物の在る処。インキは、インキの在る処」。確かにその通りだと思う。ぼくにもそんな場所があるんだろうか。ためしにぼくを海に浮かべてみてくれないか。

中原中也は時間などものともしないダダイストだ。おとなしく時系列になど従わない。彼の気分は秒針なんかより素早く動く。過去だの現在だのにまったく頓着しない。その手際の良さときたらピカイチ。彼が目の前に現れても不思議じゃないような気がするのはそういうわけだ。ぼくは彼を現代の人だと思っている。たとえば「渓流」という詩があるとする。ビールという一言にまず感心する。渓流に冷やしてあるのは壜ビール。ラベルがはがれかけている。やたらに悲しいと言うのは悲しくはない証拠。悲しいという雰囲気は悲しくはないはず。「しかしみんなは、『実にいい』とばかり云った。／僕も実は、さう云ったのだが」というところがとてもいい。そして最後の一行、「独り失敬して、宿に行って、／女中（ねえさん）と話をした」というところで終わるのもいい。ふざけて飛ばす水しぶきが読者にもかかるような勢いがある。つまりとても生き生きしている。とても過去に生きていた人だとは思えない。そう、彼には過去から抜け出す特殊な技術があった。それがダダイスト。過去というものはどうでもいいのだ。知らず知らずのうちに未来まで来てしまっていた。彼はぼくらを振り返る。まるでぼくらが後から来るのを待っていたかのように。しきりに死ぬんだと言っている割には、どんどん先まで生きてしまっている。ここで終わりということがない人なのだろう。ぼくが鎌倉に行けば会えそうな気がしたのはそういうことなのかもしれない。言葉は葉巻型の円盤だ。それに乗って今夜もまた、中原中也の言葉の故郷を探しに行こう。

（2017.7）

「理由」——遠藤ミチロウに捧げる詩

スターリンのミチロウと友部正人を結び付けられる人は意外に少ないのではないだろうか。ぼくはミチロウがスターリンを始めるずっと前にミチロウに出会い、スターリンの真っ最中のミチロウにも出会い、スターリンを終えてからもいろんなミチロウに出会い続けて来た。ぼくの出会ったたくさんのミチロウは、ぼくの中ではたった一人のミチロウで、それはアコースティックギターで「電動コケシ」を歌うミチロウであり、アピアバンドで一緒にライブをしていた頃、いつもぼくの息子の子守をしてくれたミチロウなのだ。ぼくはそんなミチロウのことを忘れないし、彼が歌いながら田舎道を歩いていたとしても、あさっての方角から呼び止めたりしないようにしよう。

彼が死んだ年の秋に渋谷クアトロであった「音楽葬」で、ぼくは彼にこの詩を送った。

「理由」

山形で出会った福島の人だから
友だちというよりは家族のような人だから
息子にとっては親せきの叔父さんのような人だから
ミュージシャンというよりは旅人のような人だから
仲間というよりは一人の人間のような人だから
宇宙のどんな星よりも感傷的な人だから
いつだって終わりが始まりの人だから
片足で夕日をせき止める人だから
体が北を向いたとき、背中も北を向く人だから
標準語も話すけど、福島弁も話す人だから
パンクロックも歌うけど、民謡も歌う人だから
言葉で人を裸にする人だから
帽子をかぶってどこまでも
前を向いてどこまでも
歌を歌ってどこまでも
どこまでも一人で行く人だから

ぼくは君に会ってよかったよ
君とあの世を散歩したかった
あの佐渡島（さどがしま）の船着き場から
たらいの船に乗って
ぐるぐる地球を回すんだ
遠心力の曲芸師
歯ブラシくわえて傘さして
ぼくの人生を横切った人だから
もう二度と君に会えなくていい
ぼくは君のことを忘れない
金魚のいない金魚鉢
上映時間はもう過ぎたから
ぼくは君にこの歌を歌う

（2019.10）

ぼくの近況

爪はこの春を物語る

ぼくの右手の人差し指の爪はいつも削れている。ギターを弾くから仕方がないんだと思っていた。ピックを持って弾くときの手の角度がいけないのかもしれない。それとも誰でもピックを持って弾くと人差し指の爪が削れるのだろうか。削れた爪を眺めていると、これはもう治らないんだろうと思った。ところがこの春からのライブのできない日々のせいで、削れていた爪がまた元のように丸くなった。白くて丸い爪は自分のもののようではなく、生まれたての赤ちゃんを迎えたようだった。その柔らかい笑顔のようなものがうれしかった。

人前でギターを弾いて歌うようになって五十年、初めて削れていない自分の人差し指の爪と対面した。爪はこの春の新型コロナウィルス感染拡大を物語る。過去にはバンドとやって弾きすぎて血がにじんでいることもあった。痛いことがその日の演奏を物語っていた。爪がいつも削れていたのは、演奏を今回のように長く中断したことがなかったから。それは歌を歌い始めてから初めてのことだった。

世の中の自粛期間中のことを自分のホームページの日記で読むと、その頃のことがなつかしく感じられる。

「四月二十二日から三日間連続で仙台のASIAN TRIBEで歌っています。マイクは使わないので、歌は外には聞こえていなかったはずです。それにしても楽しい。Buddy Buddyの間瀬くんのおかげでたくさん歌えました。そして紹興酒をポットでたくさん飲みました。早くライブで歌いたいなあ。」

声を出して歌いたいというぼくの気持ちを妻のユミが察して、「お店で無観客無配信で歌ってもいいかな」と間瀬くんに交渉してくれたのだった。

六月の初めには、横浜にあるアトリエ21で歌わせてもらった。夜は使わないので歌いに来てもいいよ、とそこを切り盛りする三人の画家の一人、広田稔さんに言われたから。

「今日もアトリエ21で歌いました。聞いてくれた画家たちは昨日と同じです。窓が開いていたから、おそらく外にも聞こえたでしょう。反対側の窓の向こうを、京浜東北線の長い電車が通ります。そのせいで、歌いながら旅をしているような気分になりました。歌とお酒で時間を忘れ、家に帰ったらもう朝の三時になっていました。」

ぼくには歌う場所が必要だ。だけど集合住宅に住んでいるので自宅では歌えない。

コロナの時期、近くの森林公園は人がいっぱいで大声を出すには不向きだったし、音楽の練習スタジオは休業中。どこにも歌える場所がなかったぼくに、快く場所を提供してくれる人たちがいてぼくはとてもラッキーだった。元々ぼくは喉が弱かった。しばらく歌わないでいるとすっかり声がぼくの声ではなくなっている。まるで喉を手術して声がかすれたトランペット奏者のマイルス・デイビスみたいだ（彼は本当に苦しそうに声を出す）。だから歌う前にはまず喉を使って声を取り戻さなくてはならない。ライブの前の日には一時間か二時間、声のトレーニングのために貸しスタジオへ行くようにしていた。でもたった一人でリハーサル室で歌うのと、一人でも聞き手がいて歌うのでは歌い方が変わる。リハーサルの後に本番があるからリハーサルの意味がある。ライブの予定が立たず、ただリハーサルが続くだけなら歌は死んでしまうだろう。

　爪がきれいになっているのに気が付いたのは、それから一カ月半後の七月終わりのことだった。三カ月ぶりのソロライブで大阪に行く前の夜にふと気が付いた。雪解けの春に見つけた福寿草のよう。徐々にライブを再開する店も出てきて、少しずつ自分のライブができるようになった。入場者数の制限はあったけど、その特別感がかえって場を盛り上げてくれた。だけどきれいになった爪はまた削れてしまった。やはり一人で練習で歌うのと、ライブでお客さんの前で歌うのは違うのだろう。ぼくの爪は削れているのがライブをしていることの証拠。それが嫌なら、これからはピックを使わずに指で弾くしかない。もちろんそれも試してみようと思う。せっかくのいい機会なので。

（2020.9.4　書き下ろし）

出典・初出一覧

■1970～1980年代
『ちんちくりん』（1978年　詩の世界社・2001年　ビレッジプレス〔増補改訂版〕）
『生活が好きになった』（1986年　晶文社）
■1990年代
『パリの友だち』（1991年　大栄出版）
『The Man In Me――ぼくのなかのディラン』（1992年　大栄出版）
『ジュークボックスに住む詩人』（1993年　思潮社）
『耳をすます旅人』（1999年　水声社）
■2000年代
『ニューヨークの半熟卵』（2003年　ビレッジプレス）
■未収録と書き下ろし
谷川俊太郎「みみをすます」のこと」『現代詩手帖』2002年5月「いまこそ谷川俊太郎」
「新聞を買った帰り道」『北海道新聞』2003年10月18日付

「映画館を出たら」『北海道新聞』２００４年4月3日付
「木の幹に聴診器をあてる」『北海道新聞』２００４年11月6日付
「詩は未来の言葉」『北海道新聞』２００４年10月10日付
「ファルマウスへのバス旅行」『北海道新聞』２００４年12月11日付
「ショーウィンドウでポーズをとる犬」『北海道新聞』２００５年2月26日付
「バレンタインにはタルトを食べよう」『北海道新聞』２００５年1月22日付
「リアリティへの亡命――宮沢和史『SAFETY BLANKET 1991-1998』を読んで」宮沢和史『SAFETY BLANKET 1991-1998』（角川文庫　２００４年11月）
「旅人同士――坂本龍一について」『ユリイカ臨時増刊号』２００９年4月
「高階杞一の言葉」『ku:nel』２０１３年5月号
「マスタードとカーネギーホール――森山直太朗のこと」森山直太朗ベスト盤『大傑作撰』（２０１６年9月）ライナーノーツ
「中原中也の言葉の故郷」特別企画展「詩が生まれた場所へ――中也の見た風景」カタログ　中原中也記念館（２０１７年7月）
「理由」――遠藤ミチロウに捧げる詩」遠藤ミチロウ追悼ライブ（２０１９年10月）で朗読
「ぼくの近況　爪はこの春を物語る」書き下ろし

解説二本

フリスビーと空部屋（一九七六年）

谷川俊太郎

　昨日は電話で「二十枚書いて下さい」なんて言ってたくせに、今日会ったら「一行でもいいです」って友部正人はぼくに言う。そう言われたら、二十枚書くのと一行書くのが同じことのように思えてきた。他の場合ならそうは思えないだろう、言葉がぼくと対象の間に壁をつくる。だが友部正人はまるで透明人間みたいに言葉の壁をすり抜けてくる。この人について書くことはできない、この人を語ることもできない、この人とはつきあうことができるだけだ。

「結婚のお祝いに、何かモノをあげたいんだけど」とぼくが言うと、彼は「必要な物はみんなもってるし」と言う。「そうだろうと思ったんだ」とぼくが言うと、しばらく黙っていてから「でもいま、ひとつだけ欲しい物がある」って言う。それは三五〇ccのオートバイだった。「そりゃ無理だよ」と言うと、「じゃあ、フリスビーがいいな」と彼は言ったので、ぼくは伊勢丹へ行って、アメリカ製の黒に金いろで文字の書いてあるフリスビーを買って、彼にあげた。

今日、中杉通りのコーヒー店〈茜舎〉で、「あのフリスビー、やってみた」と訊くと、彼は「うん」と答えた。フリスビーみたいなちょうどいいスピードで、言葉が手許から手許へとどくといいなと思う。ひとりからもうひとりのところへ行く途中で、言葉がそれ自体で空中をふんわりとすべってゆく、そのとき言葉は言葉であるくせに、木や草と同じように黙っていてひっそりと静かなんだ。ほんとうに何かを言えたときの言葉は、軽い。友部正人といると、ほんとうにほんとうのことしか喋りたくなくなるので、ぼくはいつも、ぼくにとってのほんとうのことを探して、そのために少しつらくなることがある。

いつか友部正人の部屋へ行ったら、そこに本やステレオがあったので、なんだか不思議な気がしたのをおぼえている。そこにはまた、ひとりの若い女のひとがいて、そのひとからぼくはコップに一杯の水をもらった。女のひとと水とは、ちっとも不思議じゃなかった。その部屋は新宿にあったのだけれど、そのもっと前に阿佐ヶ谷の彼の部屋をたずねようとしたことがある。彼が紙ナプキンに画いてくれた地図のとおりに行ったのだけれど、その場所にはがらんとした空部屋があるだけで、彼はいなかった。彼がもう引っ越したあとだったのか、それともまちがった場所へ行ったのか、いまだに分らない。空部屋のフスマに日本地図がはってあって、小さな庭のような土の上に草が生えていた。

　友部正人の住んでいる所では、ぼくの住んでいる所と時間が全くちがう流れかたをしているみたいだ。初めて阿佐ヶ谷駅の北口の屋台のおでんやで会ったときと、そのあとどこかのちっぽけな飲み屋の二階で集ったとき、もう一度ぼくの仕事部屋で会ったときくらいまでは、ぼくのほうが彼の時間の流れにこわごわ足をひたしていた。だけどいつのまにか、彼のほうがぼくの時間の流れにちょこっと手をふれるような会いかたになってきてる。

　今日も会うなり彼は「谷川さん、忙しいんでしょ」と言う。ぼくはなんと答えていいのか分らない。一度会ったらべつに話もせずに、少くとも二、三日はいっしょにいるっていうのが、友部正人との会いかたのような気がするのに、ぼくにはいま六人の家族がいて、仕事なんかは忘れてしまえるのだが、家族のほうは忘れることができないから、彼と会ってもせいぜい三十分か一時間とりとめなく話をするだけだからだ。

「谷川さんにがまんしないで欲しい」と前に彼は書いてくれたけれど、がまんしないということがどんなことか、ぼくにはよく分らなくなっている。自分ががまんすると、結局人にもがまんさせることになるとは知っているのだが。

　人に会ったり会わなかったり、コーヒーを飲んでその味を意識したり、またそのことをすぐ忘れてしまったり、そんな雑多な現実の中から歌は生れてくる。日常のほんのささいな仕草と星雲の運動とは決して無関係ではないはずだが、その間に無数の人間的な馬鹿馬鹿しさやおそろしさ、こだわりやあきらめなどがひしめいてるので、ぼくらはいつも現実をまるごととらえることに失敗してしまう。心ではそれをまるごと感じとっていたとしても、言葉は対立をとらえることは得意なのに、矛盾したものをひとつの全体としてとらえることはひどく不得意だ。

だから言葉は針になってちくちく突っついたり、霧になってぼんやりただよったり、箱になってすっぽりかくしたり、そんなことしか出来ないことが多い。友部正人はそういうことを知ってるし、彼は歌うたいだから、時に言葉の出来る以上のことをする。たとえば彼には欲望はあるけれど、夢はない。彼はいつでもリアリストだと思う。それは彼が歌というものの強さを知ってるからじゃないかな。歌は人を眠らせるよりも、めざめさせるものなんだ。特にたったひとりで歌う歌は。

*

おたがいにおたがいの言うことに
註をつけあって
そのあとで来た沈黙が
ぼくらを一枚の絵に変えてしまった

そんなとき
もしひとつの歌が生れたら
ぼくは歌って歩くだろう
人気のない村はずれを

愛と失望とがひとつになって
熊笹のしげる
深い谷間にひびいてゆく
それは多分夕暮で

おばあさんはおじいさんに
ひっきりなしに問い返す
どこへゆくの
あんたはいったいどこへゆくのと

一九七六年七月四日・日曜日・阿佐ヶ谷にて

柔らかい芯（二〇二〇年）

谷川俊太郎

友部が七十歳になっていると知った時、彼が書いたエッセイの中の一行がふっと心に浮かんだ。〈それだって本当なのかどうかもうわからない〉長い間この世にいると時計やカレンダーの時間がだんだん怪しくなって、五年前の出来事と去年の出来事の後先すら曖昧になってくる。私には友部の人生が昔から今までの物語としてよりも、断片的な場面として記憶されているのは、私の貧しい記憶力のせいだが、同時代を付かず離れず生きていて詩を書いたり、歌を歌ったりしている人間同士だからそれも許されるかもしれない、というのが忘れっぽい私の言い訳。

エッセイにはいろんな人が登場するが、私の知っている人、知らない人、名前しか知らない人もいる。写真家ロバート・フランクは私は会ったことがないが、ずっと興味を持っていて手元の一九九五年に出た『ROBERT FRANK MOVING OUT』をパラパラ見て、読んでいると、何故か友部と存在の仕方に共通のものがあるような気がしてくる。手書きの短いコトバが写真に書きこんであったり、コンタクトプリントがずらっと並んでいたり、暮らしている空間・時間がほとんど加工されずに、表現というような意識に惑わされずに、カジュアルにそこにある、そんな手触りが似ているのだ。

スイスに生まれたフランクはアメリカ人になった。日本に生まれた友部は一時アメリカに暮らす場所を確保していた。私にとっての具体的なアメリカは、友部が生まれる五年前に、B29がうちの近所に落とした焼夷弾によるいくつもの焼死体を間近に見たことだったが、その時もアメリカが敵国だという感覚は私にはなかった。まずジープと西部劇というのが私にとってのアメリカの始まりで、それがギターと歌だったのが友部だろう。

初めて彼に会ったのは阿佐ヶ谷だったと記憶しているが、後年ニューヨークで会った時も友部は拍子抜けするほど同じ友部だった。ブレないという言い方はあまり好きではないが、友部の生き方は私の目からは一貫してブレていない。それも大黒柱のように頼もしくどっしりしているというのから遠い、ゆらゆら西に東に揺れている柔らかい芯が、実はブレていないのだ。今思いついたのだが彼の内面をヤジロベエに喩えるのもいいかもしれない。それは彼が書く詩・歌詞とエッセイを見ても感じる。どんなスタイルで書いていても暮らしに根差している、と言うよりいつも暮らしそのものを生きているという当たり前が言葉になっている。

友部は目で見えて耳に聞こえて手で触れる現実からしか出発しないのだ。それを抽象化したり、誇張したり、一般論に置き換えたりはしない。私は大学教師の家に生まれて、いわゆるインテリに囲まれて育ち自分もインテリになるはずだったが、どういうわけか学校というものに馴染めなくてずっこけたので、アカデミックでない世界に生きている友部と気が合うのかもしれない。

『おっとせいは中央線に乗って』(思潮社)の中に〈ぼくはいつのまにか言葉の外にいた〉という行があるが、歌や詩で言葉を生きながら、〈いつのまにか言葉の外にいる〉というコトバが出てくるところに、私が彼を身近に感じる原点があるかもしれない。歌詞も詩もエッセイのような散文も区別なく動き続け流れ続けていて、そこに歌も生まれている。実生活上の悲しみ苦しみはあるだろうが、友部はこれからもそれぐるみ幸せなんていうコトバに関係なく、まともに若々しく老いていくのだろうなと思う。

アレン・ギンズバーグとは私は東京で一緒にリーディングもしたし、一九七一年シエラ・ネヴァダ山脈の麓のゲーリー・スナイダーの家でピーター・オルロフスキーと一緒の朝寝坊の彼に会ったこともある。私の編集でその二年後に出た『ユリイカ』には、その時のお祭りっぽい集まりの様子とともに、そこにはいなかった友部の「にんじん」「君が欲しい」などの歌詞が載っているが、それらは歌詞であるとともに詩としても、その時代の英語が母語のヒッピーたちの集まりと溶け合って日本語で自立していた。
解説を依頼されたのだけれど、どうしても文章が思い出話の方に行きたがる。それも癪に障るので、ここらで以前友部に向けて書いた自分の詩の一節を引用する。

同じ世界と同じ時代に暮らし続けて
ぼくもきみも親しい死者に取り残され
今日も目玉焼きを焼いている
やがて言葉は無言の彼方に溶けてゆくから
安心してぼくらは書きぼくらは歌う
誰かが誰かを好きになることを願って

十五年前に書いたこんな一節に、二〇二〇年の私はもうかすかな違和を感じている。この一節に連詩風に付けるとしたら、こんな風になるかな。

きみはぼくの後をついて来ているわけではない
かと言って誰かと並んで先を歩いているのでもなさそうだ

いろんな言動があふれてこぼれる世間に疲れて
無口な詩を書きたいと思っているけど
ハミングが苦手なぼくにはメロディもリズムも
深い気持ちの洞穴に無言で反響するだけ……

帯文

「なぜ友部さんの歌うディランが一番ディランなのか、この本を読んで妙に納得した」

森山直太朗

本書は文庫オリジナルです。

ねにもつタイプ　岸本佐知子
何となく気になることにこだわる、ねにもつ。思索、奇想、妄想はばたく脳内ワールドをリズミカルな名短文でつづる。第23回講談社エッセイ賞受賞。

TOKYO STYLE　都築響一
小さい部屋が、わが宇宙。ごちゃごちゃと、しかし快適に暮らす、僕らの本当のトウキョウ・スタイルはこんなものだ！　話題の写真集文庫化！

自分の仕事をつくる　西村佳哲
仕事をすることは会社に勤めること、ではない。仕事を「自分の仕事」にできた人たちに学ぶ、働き方のデザインの仕方とは。（稲本喜則）

世界がわかる宗教社会学入門　橋爪大三郎
宗教なんてうさんくさい⁉　でも宗教は文化や価値観の骨格であり、それゆえ紛争のタネにもなる。世界宗教のエッセンスがわかる充実の入門書。

ハーメルンの笛吹き男　阿部謹也
「笛吹き男」伝説の裏に隠された謎はなにか？　十三世紀ヨーロッパの小さな村で起きた事件を手がかりに中世における「差別」を解明。（石牟礼道子）

増補　日本語が亡びるとき　水村美苗
明治以来豊かな近代文学を生み出してきた日本語が、いま、大きな岐路に立っている。我々にとって言語とは何なのか。第８回小林秀雄賞受賞作に大幅増補。

子は親を救うために「心の病」になる　高橋和巳
子は親が好きだからこそ「心の病」になり、親を救おうとしている。精神科医である著者が説く、親子という「生きづらさ」の原点とその解決法。

クマにあったらどうするか　姉崎等　片山龍峯
「クマは師匠」と語り遺した狩人が、アイヌ民族の知恵と自身の経験から導き出した超実践クマ対処法。クマと人間の共存する形が見えてくる。（遠藤ケイ）

脳はなぜ「心」を作ったのか　前野隆司
「意識」とは何か。どこまでが「私」なのか。死んだら「心」はどうなるのか。――「意識」と「心」の謎に挑んだ話題の本の文庫化。（夢枕獏）

しかもフタが無い　ヨシタケシンスケ
「絵本の種」となるアイデアスケッチがそのまま本に。くすっと笑えて、なぜかほっとするイラスト集です。ヨシタケさんの「頭の中」に読者をご招待！

文房具56話　串田孫一
使う者の心をときめかせる文房具。どうすればこの小さな道具が創造力の源泉になりうるのか。文房具の想い出や新たな発見、工夫や悦びを語る。

おかしな男　渥美清　小林信彦
芝居や映画をよく観る勉強家の彼と喜劇マニアのぼく。映画「男はつらいよ」の〈寅さん〉になる前の若き日の渥美清の姿を愛情こめて綴った人物伝。（中野翠）

青春ドラマ夢伝説　岡田晋吉
『青春とはなんだ』『俺たちの旅』『あぶない刑事』……。テレビ史に残る名作ドラマを手掛けた敏腕TVプロデューサーが語る制作秘話。（鎌田敏夫）

万華鏡の女　女優ひし美ゆり子　ひし美ゆり子　樋口尚文
ウルトラセブンのアンヌ隊員を演じてから半世紀、いまも人気を誇る女優ひし美ゆり子。70年代には様々な映画にも出演した。女優活動の全貌を語る。

ゴジラ　香山滋
今も進化を続けるゴジラの原点。太古生命への讃仰、原水爆への怒りなどを込めた、原作者による小説・エッセイなどを集大成する。（竹内博）

赤線跡を歩く　木村聡
戦後まもなく特殊飲食店街として形成された赤線地帯。その後十余年、都市空間を彩ったその宝石のような建築物と街並みの今を記録した写真集。

おじさん酒場　増補新版　山田真由美文　なかむらるみ絵
いま行くべき居酒屋、ここにあり！　居酒屋から始まる夜の冒険へ読者をご招待。さあ、読んで酒を飲もう。いい酒場に行こう。巻末の名店案内105も必見。

プロ野球新世紀末ブルース　中溝康隆
伝説の名勝負から球界の大事件まで愛と笑いの平成プロ野球コラム。TV、ゲームなど平成カルチャーとプロ野球の新章を増補し文庫化。（熊崎風斗）

禅ゴルフ　Dr.ジョセフ・ペアレント　塩谷紘訳
今という瞬間だけを考えてショットに集中し、結果に関して自分を責めない。禅を通してゴルフの本質と心をコントロールする方法を学ぶ。

国マニア　吉田一郎
ハローキティ金貨を使える国があるってほんと!?　私たちのありきたりな常識を吹き飛ばしてくれる、世界のどこか変てこな国と地域が大集合。

異界を旅する能　安田登

「能」は、旅する「ワキ」と、幽霊や精霊である「シテ」の出会いから始まる。そして、リセットが鍵となる日本文化を解き明かす。（松岡正剛）

見えるものと観えないもの　横尾忠則

アートは異界への扉だ！　吉本ばなな、島田雅彦から黒澤明、淀川長治まで、現代を代表する十一人との、この世ならぬ超絶対談集。（和田誠）

ぼくなりの遊び方、行き方　横尾忠則

日本を代表する美術家の自伝。登場する人物、起こる出来事その全てが日本のカルチャー史！　壮大な物語はあらゆるフィクションを超える。（川村元気）

アンビエント・ドライヴァー　細野晴臣

はっぴいえんど、YMO……日本のポップシーンで様々な花を咲かせ続ける著者の進化し続ける自己省察。帯文＝小山田圭吾（テイ・トウワ）

skmt 坂本龍一とは誰か　坂本龍一＋後藤繁雄

坂本龍一は、何を感じ、どこへ向かっているのか？　独特編集者・後藤繁雄のインタビューにより、独創性の秘密にせまる。予見に満ちた思考の軌跡。

日本美術応援団　赤瀬川原平　山下裕二

雪舟の「天橋立図」凄いけどどこかヘン⁉　光琳にはなくて宗達にはある〝乱暴力〟とは？　教養主義にとらわれない大胆不敵な美術鑑賞法‼

建築探偵の冒険・東京篇　藤森照信

街を歩きまわり、古い建物、変わった建物を発見し調査する〝東京建築探偵団〟の主唱者による、建築をめぐる不思議で面白い話の数々。（山下洋輔）

普段着の住宅術　中村好文

住む人の暮らしにしっくりとなじむ、居心地のよい住まいを一緒に考えよう。暮らす豊かさの滋味を味わう建築書の名著、大幅加筆の文庫で登場。

私の好きな曲　吉田秀和

永い間にわたり心の糧となり魂の慰藉となってきた、最も愛着の深い音楽作品について、その魅力を語る、限りない喜びにあふれる音楽評論。（保苅瑞穂）

世界の指揮者　吉田秀和

フルトヴェングラー、ヴァルター、カラヤン……演奏史上に輝く名指揮者28人に光をあて、音楽の特質と魅力を論じた名著の増補版。（二宮正之）

考現学入門　今和次郎　藤森照信編

震災復興後の東京で、都市や風俗への観察・採集からはじまった〈考現学〉。その雑学の楽しさを満載し、新編集でここに再現。（藤森照信）

超芸術トマソン　赤瀬川原平

都市にトマソンという幽霊が！　街歩きに新しい楽しみを、表現世界に新しい衝撃を与えた超芸術トマソンの全貌。新発見珍物件増補。（藤森照信）

路上観察学入門　赤瀬川原平／藤森照信／南伸坊編

マンホール、煙突、看板、貼り紙……路上から観察できる森羅万象を対象に、街の隠された表情を読みとる方法を伝授する。（とり・みき）

自然のレッスン　北山耕平

自分の生活の中に自然を蘇らせる、心と体と食べ物のレッスン。自分の生き方を見つめ直すための詩的な言葉たち。帯文＝服部みれい（曽我部恵一）

地球のレッスン　北山耕平

地球とともに生きるためのハートと魂のレッスン。そして、食べ物について知っておくべきこと。絵＝長崎訓子。推薦＝二階堂和美（広瀬裕子）

ROADSIDE JAPAN 珍日本紀行 東日本編　都築響一

秘宝館、意味不明の資料館、テーマパーク……。路傍の奇跡ともいうべき全国の珍スポットを走り抜ける旅のガイド、東日本編一七六物件。

ROADSIDE JAPAN 珍日本紀行 西日本編　都築響一

蠟人形館、怪しい宗教スポット、町おこしの苦肉の策が生んだ妙な博物館。日本の、本当の秘境は君のすぐそばにある！　西日本編一六五物件。

ウルトラマン誕生　実相寺昭雄

オタク文化の最高峰、ウルトラマンが初めて放送されてから40年。創造の秘密に迫る。スタッフたちの心意気、撮影所の雰囲気をいきいきと描く。

ウルトラ怪獣幻画館　実相寺昭雄

ジャミラ、ガヴァドン、メトロン星人など、ウルトラマンシリーズで人気怪獣を送り出した実相寺監督が書き残した怪獣画集。オールカラー。（樋口尚文）

輝け！　キネマ　西村雄一郎

日本映画の黄金期を築いた巨匠と名優、小津安二郎と原節子、溝口健二と田中絹代、木下恵介と高峰秀子、黒澤明と三船敏郎。その人間ドラマを描く！

関西フォークがやって来た！　なぎら健壱
1960年代、社会に抗う歌を発表した「関西フォーク」。西岡たかし、高田渡、フォークルらの足跡を辿り、関西のアングラ史を探る。（タブレット純）

痛みの作文　ANARCHY
京都・向島の過酷な環境で育った少年は音楽と仲間に出会い奇跡を起こす。日本を代表するラッパーが綴る魂震えるリアル・ストーリー。（都築響一）

大正時代の身の上相談　カタログハウス編
他人の悩みはいつの世も蜜の味。大正時代の新聞紙上で129人が相談した、あきれた悩み、深刻な悩みが時代を映し出す。（小谷野敦）

横井軍平ゲーム館　横井軍平　牧野武文
数々のヒット商品を生み出した任天堂の天才開発者・横井軍平。知られざる開発秘話とクリエイター哲学を語った貴重なインタビュー。（ブルボン小林）

悪魔が憐れむ歌　高橋ヨシキ
政治的に正しくなく、安っぽいショックの中にこそ救いとなる表現がある。映画に「絶望と恐怖」という友人を見出すための案内書。（田野辺尚人）

バーボン・ストリート・ブルース　高田渡
流行に迎合せず、グラス片手に飄々とうたい続け、いぶし銀のような輝きを放ちつつ逝った高田渡の酔いどれ人生、ここにあり。（スズキコージ）

間取りの手帖 remix　佐藤和歌子
世の中にこんな奇妙な部屋が存在するとは！　間取りと一言コメント。文庫化に当たり、間取りとコラムを追加し著者自身が再編集。（南伸坊）

ブルース・リー　四方田犬彦
ブルース・リーこと李小龍はメロドラマで高評を獲得し、アクション映画の地図を塗り替えた。この天才俳優の全作品を論じる、アジア映画研究の決定版。

たまもの　神藏美子
彼と離れると世界がなくなってしまうと思っていたのに、別の人に惹かれ二重生活を始めた「私」。写真と文章で語られる「センチメンタルな」記録。

青春と変態　会田誠
著者の芸術活動の最初期にあり、高校生男子の暴発するエネルギーを、日記形式の独白調で綴る変態的青春小説もしくは青春的変態小説。（松蔭浩之）

ちくま文庫

歌を探して
——友部正人自選エッセイ集

二〇二〇年十二月十日　第一刷発行
二〇二四年十一月二十日　第二刷発行

著　者　友部正人（ともべ・まさと）
発行者　増田健史
発行所　株式会社　筑摩書房
東京都台東区蔵前二—五—三　〒一一一—八七五五
電話番号　〇三—五六八七—二六〇一（代表）
装幀者　安野光雅
印刷所　中央精版印刷株式会社
製本所　中央精版印刷株式会社

ISBN978-4-480-43706-8　C0195